Was für ein Theater

Rüdiger Benz

Was für ein Theater

Für Fantasie, Ästhetik und Perfektion auf der Bühne,
Effizienz hinter den Kulissen,
und begeisterte Zuschauer im Saal

*Bibliografische Information der Deutschen Nationalbibliothek:
Die Deutsche Nationalbibliothek verzeichnet diese Publikation
in der Deutschen Nationalbibliografie; detaillierte bibliografische Daten sind im Internet über http://dnb.dnb.de abrufbar.*

*Erstveröffentlichung Juli 2014
Überarbeitete Fassung April 2017*

© 2017 Rüdiger Benz

www.ruediger-benz.de

*Herstellung und Verlag:
BoD – Books on Demand, Norderstedt*

ISBN: 978-3-7357-2265-2

Inhaltsverzeichnis

Aus Gründen der besseren Lesbarkeit wurde auf die gleichzeitige Verwendung männlicher und weiblicher Sprachformen verzichtet. Der Autor weist ausdrücklich darauf hin, dass alle Personenbezeichnungen beide Geschlechter einschließen.

Goethe unterhält sich

„Sonntag, den 1. Mai 1825. [...] Nichts, fuhr Goethe fort, ist für das Wohl eines Theaters gefährlicher, als wenn die Direktion so gestellt ist, daß eine größere oder geringere Einnahme der Kasse sie persönlich nicht weiter berührt, und sie in der sorglosen Gewissheit hinleben kann, daß dasjenige, was im Laufe des Jahres an der Einnahme der Theater-Kasse gefehlt hat, am Ende desselben aus irgendeiner anderen Quelle ersetzt wird. Es liegt einmal in der menschlichen Natur, daß sie leicht erschlafft, wenn persönliche Vorteile oder Nachteile sie nicht nötigen. Nun ist zwar nicht zu verlangen, daß ein Theater in einer Stadt wie Weimar sich selbst erhalten solle, und daß kein jährlicher Zuschuss aus der fürstlichen Kasse nötig sei. Allein es hat doch alles sein Ziel und seine Grenze, und einige tausend Taler jährlich mehr oder weniger sind doch keineswegs eine gleichgültige Sache, besonders da die geringere Einnahme und das Schlechterwerden des Theaters natürliche Gefährten sind, und also nicht bloß das Geld verloren geht, sondern die Ehre zugleich.“[1]

---

[1] Eckermann, Johann Peter: *Gespräche mit Goethe in den letzten Jahren seines Lebens*. Band 3. Magdeburg 1848, S. 91f.

Vorspiel

Direktor:

Ihr beiden, die ihr mir so oft,
In Not und Trübsal, beigestanden,
Sagt, was ihr wohl in deutschen Landen
Von unsrer Unternehmung hofft?

Diskussionen über künstlerisches Schaffen und volle Häuser sind so alt wie das Theater selbst. Es ist bekannt, dass Goethe in Weimar auch als Theaterdirektor arbeitete. Das Vorspiel zu seinem *Faust* lässt darauf schließen, wie er selber in der Funktion des Künstlers und Theaterchefs unterschiedliche Erfahrungen gemacht hat.

Das *Vorspiel auf dem Theater*[2] wird daher im Verlaufe der folgenden Texte mehrfach auszugsweise zu Beginn oder am Ende der Kapitel zitiert. Es unterhalten sich dort ein Theaterdirektor, ein Theaterdichter und eine Lustige Person – offensichtlich ein Darsteller oder ein begeisterter Zuschauer.

Dieses dem Faust vorangestellte Gespräch ist – nach rund 200 Jahren – immer noch ein passender Begleiter für die Überlegungen zur Erneuerung, Optimierung und Vernetzung der subventionierten deutschen Theaterlandschaft.

---

[2] Goethe, Johann Wolfgang von: Aus: *Faust. Eine Tragödie.* Tübingen 1808, S. 9 ff.

Prolog

Direktor:

Wie machen wir's, dass alles frisch und neu
Und mit Bedeutung auch gefällig sei?

Wie viel Theater soll sich Deutschland leisten? In der Berliner Zeitung diagnostiziert Theaterkritiker Dirk Pilz, dass *„das gesamte Stadttheatersystem wankt"*[3]. Im Buch *„Der Kulturinfarkt"*[4] fordern Dieter Haselbach, Armin Klein, Pius Knüsel und Stephan Opitz die Schließung der Hälfte aller Kulturbetriebe. Damit wollen sie gegen die *„Auswüchse der Subventionskultur"* zu Felde ziehen.

Es können jedoch nicht zu viele Theater da sein. Aber es kann sein, dass *zu wenig* Menschen ins Theater kommen und es damit obsolet machen. In der Regel sind die Gründe dafür nicht beim Publikum, sondern beim Theater selbst zu suchen.

„Zur Zukunftssicherung der Theaterlandschaft in Deutschland bedarf es einer kritischen Neubetrachtung, konzeptioneller Überlegungen und kompetenten gemeinsamen Handelns", fordert die Enquete-Kommission Kultur in Deutschland in ihrem 2007 vorgelegten Schlussbericht.[5] Tatsächliche Reformen hat diese Forderung bislang allerdings nicht hervorgebracht.

Was bleibt zu tun? Mit möglichst starker, gemeinschaftlicher Stimme weiterhin Investitionen für Theater fordern. Dafür im

---

[3] Pilz, Dirk: Vor der Krise ist kein Theater mehr sicher. In: Berliner Zeitung vom 24.03.2014. URL: www.berliner-zeitung.de/kultur/wiener-burgtheater-vor-der-krise-ist-kein-theater-mehr-sicher,10809150,26643012.html

[4] Haselbach, Dieter / Klein, Armin / Knüsel, Pius / Opitz, Stephan: *Der Kulturinfarkt. Von allem zu viel und überall das Gleiche.* München 2012.

[5] Deutscher Bundestag (Hg.), Drucksache 16/7000: *Schlussbericht der Enquete-Kommission „Kultur in Deutschland",* eingesetzt durch Beschluss des Deutschen Bundestages vom 15. Dezember 2005 (Bundestagsdrucksache 16/196). Berlin 2007, S. 107.

Gegenzug – und das ist die wesentliche Aufgabe – ein besseres Miteinander von Theater und Gesellschaft mit den zur Verfügung gestellten Subventionen erzielen. Das wird – ausgehend von den *„maroden Strukturen eines Stadttheatersystems, das zu implodieren droht"*, wie Dirk Pilz in der Berliner Zeitung zu Recht befürchtet – ein schwieriger und unbequemer Weg.

Soll man dazu die öffentlichen Theater als Wirtschaftsfaktor im Bereich der Kreativwirtschaft sehen und Künste sowie Künstler der Vermarktbarkeit unterwerfen? Das geschieht ohnehin. Theater waren, sind und werden immer der Publikumsakzeptanz ausgesetzt sein. Öffentlich subventioniertes Theater hat Legitimationsbedarf. Egal, wie viele Kosten die Subventionen auffangen: Bleiben wiederholt signifikant Plätze im Theatersaal leer, wird Theaterarbeit sinnlos.

Öffentliche Institutionen müssen radikal umdenken, um Zuschüsse wirkungsvoller zu nutzen. Es geht nicht um simple Einsparungen. Es geht darum, die subventionierte Theater-Szene als Ganze grundlegend zu reformieren, zu stärken und in der öffentlichen Wahrnehmung relevanter zu machen.

„Theater kämpfen um die Existenz. Der Bühnenverein setzt auf symbolträchtige Rettungsaktion: den Status eines Weltkulturerbes"[6] – so titelte im Mai 2013 die Südwest Presse. Der damalige Präsident des Deutschen Bühnenvereins, Klaus Zehelein, stellte im Folgenden fest: *„In den vergangenen 15 Jahren ist ein enormer Spardruck an den deutschen Bühnen entstanden [...]. Das ist eine Entwicklung, die uns Sorge macht. Die Sparmaßnahmen schlagen immer mehr auf die Personaletats durch."*[6]

Sparanstrengungen bedrohen also die Existenz öffentlicher Theater und sind gleichzeitig schuld an unangemessener Bezahlung von Künstlern und Mitarbeitern? Wenn Theater bedroht sind, liegt das meist an einem strukturkonservativen Denken und daran, dass ein effizient vernetztes kulturelles Unternehmertum fehlt. Die Theater befinden sich nicht in einer Finanzierungskrise, sondern in einer Struktur- und Inhaltskrise. Für unzureichende Gagen und Gehälter sind daher primär die Perso-

---

[6] dpa: Theaterlandschaft als Weltkulturerbe. In: Südwest Presse, 23.05.2013.

nen in den jeweiligen Führungspositionen sowie die von der Politik schon zu lange geduldeten maroden Strukturen verantwortlich. Das Problem ist nicht in erster Linie der vermeintliche Spardruck. Dieser resultiert erst aus ineffizienten Strukturen und unattraktiven Angeboten.

Öffentlich geförderte Theater präsentieren sich gerne als vielfältig. Viele sind es in der Tat. Aber bezogen auf ihre inhaltliche Arbeit, die den Grundstein für den Bestand der Theater und eine wirksamere öffentliche Wahrnehmung legen müsste, trifft dies nicht zu. Die freie und private Szene wirkt häufig innovativer – nur fehlen dort oft die Mittel zur Umsetzung auf hohem Niveau.

Den Status quo als Weltkulturerbe erhalten? Bitte nicht. Das klingt nach Notwehr und Bürokratie. Es ist die Symbiose aus Werken, Künstlern und begeistertem Publikum, die eine lebendige Theaterlandschaft entstehen lässt. Das muss man sich Tag für Tag erarbeiten. So etwas lässt sich nicht bürokratisch schützen.

Wenn alles so träge und schwerfällig bleiben sollte, wie es ist, kann man die Subventionen anderweitig besser einsetzen. Nur wenn es gelingt, Theaterarbeit wieder als kulturpolitischen Auftrag im Sinne der Bürger wahrzunehmen und für die größtmögliche Nutzerzahl interessant zu machen, dann hat das System eine Chance – und seine Berechtigung. Wer nur nach Geld ruft, aber einschneidende Reformen blockiert, legt den Verdacht nahe, dass er lediglich seinem eigenen Selbstverwirklichungstrieb dient.

Theater muss sein! Theater steht hier als Sammelbegriff für Performance, Artistik, Kabarett, Konzert, Schauspiel, Tanz, Oper, Musical, Revue, Figurentheater und viele weitere Darstellungsformen. Theater setzt voraus, dass Menschen einerseits durch kunsthandwerkliche Perfektion, andererseits mit außergewöhnlicher künstlerischer Begabung andere Menschen mit den Möglichkeiten der darstellenden Künste begeistern.

Theater machen, also vor Menschen auf einer Bühne (be-)stehen, ist heute auch wichtiger Bestandteil von Erziehung und (Aus-)Bildung.

Die Diskussionen, wie Theater gemacht und was davon gefördert werden sollte, sind kontrovers. Verbände, Vereine, Stiftungen, Gesellschaften, Genossenschaften, Universitäten, Hochschulen, Akademien, Institute, Kommissionen, Ausschüsse, Konferenzen oder Symposien sind offensichtlich darum bemüht, dem Theater und den Menschen, die dort arbeiten, Gutes zu tun. All diese Aktivitäten kosten ebenfalls Geld. Inzwischen müssten Studien, Forschungsergebnisse oder einfach nur praktische Erfahrungen dafür sorgen, dass konkrete Vorschläge auf dem Tisch liegen, was für den Erhalt oder besser noch für die Stärkung der deutschen subventionierten Theaterlandschaft mit all ihrer sogenannten Hochkultur real getan werden kann. Und tatsächlich, es gibt Forderungen. Von verschiedensten Seiten und in verschiedensten Formen. Die Aussagen unterm Strich ähneln sich stark: Es braucht mehr Geld für den Kulturbetrieb. Bitte – ist man versucht hinzuzufügen.

Theater muss sein! Zu befürchten ist, dass dies noch für lange Zeit der kleinste gemeinsame Nenner der Kulturschaffenden bleibt. Theater muss sein! Aber wie?

Ein genereller Glaube an die Gestaltungskraft des Theaters scheint aus den verschiedenen Blickwinkeln von Politik, Kunst oder Wirtschaft vorhanden zu sein. Diese Überzeugung sollten moderne Theaterschaffende gemeinsam mit mutigen Politikern nutzen und als Basis ausbauen. Um ein System von kreativen und gleichzeitig gesellschaftlich relevanten subventionierten Theatern zu schaffen, muss im Sinne der Nutzer, der Gesellschaft, vor allem eines gelingen: Rahmenbedingungen zu schaffen, die es ermöglichen, dass verstärkt Begeisterung für Theater in der Öffentlichkeit geweckt wird und dass die Nutzung und somit auch die Finanzierung der kulturellen Infrastruktur spürbar optimiert werden können.

Müssen Theaterorganisationen ihre Arbeit einstellen, bedeutet das für alle Theaterschaffenden einen Verlust. Das betrifft die freie und auch die private Szene. Letztlich lernen und profitieren alle voneinander. Begeisterung fürs Theater fängt bei jedem einzelnen Gast an, der von der künstlerischen Darbietung ebenso bereichert wie berührt nach Hause geht und sich schon auf den nächsten Besuch freut.

Vom Fürstentum ins 21. Jahrhundert

Direktor:

Ihr wisst, auf unsern deutschen Bühnen
Probiert ein jeder, was er mag

Wie im Vorspiel von Goethes Faust der Theaterdirektor, der Theaterdichter und die Lustige Person unterschiedliche Auffassungen vertreten, so sollte ein gut strukturiertes Theatersystem mit höchsten Ansprüchen ebenfalls im Austausch zwischen Management, Kunst und Publikum agieren. Die aus den früheren Fürstentümern hervorgegangene und heute öffentlich subventionierte Theaterlandschaft ist weltweit einzigartig. Einzigartig gut mit finanziellen Ressourcen ausgestattet und daher mit einzigartigen Chancen für hochwertigste Theaterarbeit und hohen Publikumszuspruch versehen. Doch in Deutschland werden Theater oft noch durch *Intendantenfürsten* beherrscht – prädestiniert dafür, Anforderungen des 21. Jahrhunderts zu verkennen und strukturelle Notwendigkeiten zu ignorieren.

Mit knapp 2,25 Milliarden Euro werden laut Deutschem Bühnenverein die öffentlichen Theater – ohne Festspiele und private Bühnen – jährlich subventioniert. Nur knapp 21 Millionen Zuschauer besuchen die 140 öffentlich getragenen Theater mit ihren 890 sogenannten Spielstätten jährlich. Eine angemessene Auslastung der permanent zur Verfügung stehenden 318.831 Plätze wird dadurch nicht erreicht.[7] Dazu wären bis zu 70 Millionen Zuschauer nötig.

Theater sind Unternehmen mit dem Auftrag, eine Dienstleistung für die Gesellschaft zu erbringen und mit dem ihnen anvertrauten Geld gewissenhaft umzugehen. Trotzdem gibt es am

---

[7] Alle Zahlen: Deutscher Bühnenverein (Hg.): Theaterstatistik 2010/2011. Köln 2012, S. 257–261.

Theater keine Position, die tatsächliche Managementkompetenz verkörpert. Es gibt natürlich Kaufmännische Direktoren oder Verwaltungsdirektoren. Diese Positionen verwalten im Wesentlichen, was ihnen vom Intendanten vorgesetzt wird. Sie haben kaum eine Steuerungsfunktion, die sich aus Sicht des Gastes bzw. der Gesellschaft positiv auf die Leistungen des Hauses auswirken könnte.

Im Kultur- und Unterhaltungsunternehmen Theater geht es nicht ausschließlich um Kunst und Bildung. Bevor diese Kernbereiche des Theaters zum Tragen kommen können, geht es um den Service am Gast, das Bemühen um die knapp bemessene Freizeit der Besucher sowie um effektive interne Unternehmensstrukturen, klare Abläufe und fundierte wirtschaftliche Grundlagen. Viele vom künstlerischen Betrieb unabhängige Managementaufgaben fallen im Kulturbetrieb genauso an wie in jedem mittelständischen Unternehmen.

Aber in der deutschen Kulturpolitik muss es den Intendanten geben: Künstler und Manager in einer Person. Allein aus zeitlichen Gründen wird es bei den heutigen Anforderungen nie möglich sein, beide Rollen angemessen auszufüllen. Dass es sich inhaltlich um zwei völlig unterschiedliche Ausbildungswege und Fertigkeiten handelt, sei dahingesellt. Die deutsche Kulturpolitik glaubt an dieses Modell – und zahlt tapfer dafür. Regelmäßige Auseinandersetzungen zwischen Kunst und Management könnten dagegen den Fokus auf das Wesentliche schärfen.

Die deutsche Kulturpolitik scheint bei diesem Thema schlecht beraten. Fast niemand bringt den Mut auf, Kunst und Management konsequent zu trennen. Im hochpreisigen kommerziellen Bühnen-Entertainment, wie es von wenigen namhaften Musical- oder Showveranstaltern geboten wird, sind diese Trennung und die damit verbundenen Auseinandersetzungen unumstößlicher Standard. Dort ist die konsequente Aufgabenteilung zwischen Kunst und Management – u. a. aus Qualitätsgesichtspunkten – lebensnotwendig. Öffentliches Spielgeld für das Ausleben individueller künstlerischer Ambitionen steht dort nicht zur Verfügung.

Auch an öffentlichen Theatern steigen die Management-Herausforderungen stetig – und damit auch der Anspruch an die Verantwortlichen, aktuell meist die Intendanten. Die Außendarstellung einer Institution wird – mit zu Recht zunehmendem Legitimationsdruck – immer wichtiger. Um steigende Kosten des ineffizient organisierten Theaterapparates sowie abnehmende Fördergelder oder unzureichende Ticketeinnahmen zu kompensieren, muss die Theaterleitung sich kontinuierlich um die Einwerbung von Drittmitteln bemühen. Zusätzlich ist die wirtschaftliche Vernetzung der Theaterinstitutionen und die Öffnung für neue Publikumssegmente bzw. deren aktive Erschließung eine Kernaufgabe heutiger Managementpositionen. In einem System der Kompetenzteilung ließen sich solche Vorgänge deutlich besser bewältigen.

Außerhalb Deutschlands wird neidvoll auf die einmalige finanzielle Ausstattung der öffentlichen Theater geschaut. Diese erlaubt es noch, reichlich nationale und internationale künstlerische Profis zu beschäftigen.

Profis braucht das Theater – aber nicht nur auf der Bühne, sondern auch dahinter. Der heutige Arbeitsmarkt bietet Fachleute für alle nötigen Bereiche eines Theaterbetriebs. Warum sollte man nicht für die jeweiligen Aufgaben zwischen Management, Kunst, Marketing, Service oder Gastronomie spezialisierte Experten einsetzen? Weil man sonst die Theaterarbeit behindern würde – so lautet zumindest die Überzeugung des Deutschen Bühnenvereins und offensichtlich vieler Berater der Kulturpolitik. *„Die weit reichenden Befugnisse – selbst wenn sie durch einen Verwaltungs- oder Kaufmännischen Direktor eingeschränkt werden – bieten dem Intendanten die Möglichkeit, ein künstlerisches Konzept zu verwirklichen, ohne darin von Dritten behindert zu werden"*[8]. So beschreibt der Bühnenverein das Berufsbild des Intendanten. Müsste also ein Intendant mit anderen kooperativ zusammenarbeiten, würde das unweigerlich zu schlechten Ergebnissen führen?

---

[8] Deutscher Bühnenverein (Hg.): Berufsbild Intendant. Online.
URL: www.buehnenverein.de/de/jobs-und-ausbildung/32.html?view=19,
Stand: 11.10.2013.

Umstrukturierung, hin zu gut aufgestellten Theaterbetrieben und weg von verkrusteten Strukturen, beginnt beim Kopf – also mit der Abschaffung des Intendantentums. Es ist zu hoffen, dass dieser institutionelle Bremsklotz nicht als *Weltkulturerbe* erhalten bleibt.

Theaterbetriebe, die dem öffentlichen Kulturauftrag verpflichtet sind, brauchen eine klare Trennung zwischen professionellem Theatermanagement und Kunst.

In dieser Teilung vertritt der Kulturunternehmer als Produzent, Produktmanager und oberste disziplinarische Instanz eines Hauses nach außen die Sichtweise des Gastes. Er ist gewissermaßen Anwalt des Besuchers, damit er sich im Theater willkommen, verstanden und wohl fühlt. Als Gastgeber und im Sinne eines guten Service verantwortet er alles, von der Akquise über die Anreise bis zum Sitzplatz im Saal. Dazu gehört ebenfalls die Qualitätsüberwachung des eigentlichen künstlerischen Produkts auf der Bühne. Dieser Produzent hat dafür Sorge zu tragen, dass der Gast das bekommt, was ihm in der Ankündigung versprochen wurde.

Hier setzt die Abstimmung und die Auseinandersetzung mit der eigenständigen Leitung des künstlerischen Betriebes eines Hauses an – mit der Kreativdirektion. Gemeinsam mit den Teams aus Marketing, Presse, Vertrieb, Controlling, Vorderhaus-, Gebäude- und Personalmanagement bildet ein Produzent das wirtschaftlich-organisatorische Fundament. Daneben schlägt in der Kreativdirektion das inhaltlich-künstlerische Herz des Hauses. Sie verantwortet im Wesentlichen die Spielplangestaltung sowie die Koordination aller am künstlerischen Produkt beteiligten Gewerke.

Bevor die konkrete künstlerische Arbeit beginnen kann, erfolgt die Abstimmung und, wenn nötig, die Auseinandersetzung mit dem Produzenten. Die Kreativdirektion muss früh in der Lage sein, dem Wesen nach zu beschreiben, was zur Aufführung kommen soll. Der Produzent wird auf Grundlage aller verfügbaren Daten gemeinsam mit Profis aus Marketing, Presse und Vertrieb bewerten, in welcher Weise sich dafür Publikum akquirieren lässt. Durch die Variation von Spielstätten und Aufführungsanzahl lassen sich durchaus auch Konzepte umsetzen, für die nur ein geringes Interesse prognostiziert wird.

Diese Abstimmung und Publikumsprognose ermöglicht es einerseits, gezielt und effektiv zu werben, andererseits kann jeder Produktion so ein passendes Budget zugeteilt werden. Innerhalb dieses Budgets kann sich die Kreativdirektion bewegen, um die Produktionen zu realisieren – sie übernimmt damit Teilverantwortung als *Ausführender Produzent*. Ein regelmäßiges Controlling stellt die budgetäre Einhaltung sicher.

Wichtig ist bei diesem Modell eine klare Abgrenzung. Die Kreativdirektion bestimmt den Spielplan und kann über das Budget verfügen, das ihr aufgrund ihrer Planungen zugeteilt wurde. Es ist maßgeblich für hochwertige kreative Arbeit, dass die Kreativdirektion Sicherheit und ausreichend Freiraum erhält und damit zu einer attraktiven Position wird. Wichtiger als schriftliche Regelungen ist dabei das gegenseitige Vertrauen der handelnden Personen. Dazu tragen im Tagesgeschäft viele Faktoren bei, wie z. B. die tatsächliche Freiheit bei der Auswahl von künstlerischem Personal wie Darstellern oder Kreativteam-Mitgliedern.

Die Position des Kreativdirektors geht deutlich über die Verantwortung eines bisherigen Oberspielleiters hinaus; er muss – wie im Idealfall ein Intendant bisher – ein breites künstlerisches Verständnis und Wissen über alle Kunstgattungen und kunsthandwerklichen Gewerke besitzen. Seine Aufgabe besteht nicht darin, selbst Werke zu entwickeln oder zu inszenieren, sondern alle kreativen Prozesse zu steuern. Mit dem erklärten Ziel, alle Formen der Bühnenkunst zu vernetzen und verstärkt regionale und überregionale Kooperationen zu fördern, kommt dem Kreativdirektor die komplexe Aufgabe zu, den Spielplan inhaltlich zu gestalten und künstlerische Konzepte zu bewerten.

Dass Kunst nicht am Reißbrett geplant und entwickelt werden kann, versteht sich von selbst. Kunst braucht in gewissen Phasen Freiraum für Chaos. Aber kreatives Chaos sollte inhaltlich auf die Kreativmeetings, die Arbeit in den Probenräumen und die digitale Vorproduktion in entsprechenden Studios beschränkt werden. Der Rest des Hauses muss sinnvollen unternehmerischen Organisationsstandards unterliegen und effizient betriebswirtschaftlich strukturiert sein.

Neben der grundsätzlichen Neuordnung der oberen Führungsstruktur gibt es weitere Optimierungsansätze innerhalb des operativen Theaterteams. Im Juni 2013 fand auf Initiative des Mecklenburgischen Staatstheaters Schwerin der erste deutsche Inspizientenkongress statt. Betroffene Mitarbeiter forderten, dass ihr Berufsbild, Arbeitsabläufe und Dokumentationen branchenübergreifend klarer und einheitlicher definiert werden sollten und kritisierten, dass entsprechende Ausbildungsmöglichkeiten fehlen. Impulse aus dem britischen Berufsbild des Stage Managements wurden aufgenommen. Im Wesentlichen verantwortet eine Stage-Management-Abteilung die Organisation, Koordination und Qualitätssicherung von Produktionen sowie den entsprechenden Probenbetrieb – also eine Bündelung von Aufgaben und Dokumentationen, die sich im deutschen System bisher auf das Künstlerische Betriebsbüro, Regieassistenten, Abendspielleitung, Inspizienten, Hospitanten oder technische Bühnenvorstände (Meister) verteilen.

Um die Abläufe hinter der Bühne zu optimieren, ist eine Etablierung des Stage-Management-Konzepts ein entscheidender logischer Schritt. Dieses hocheffiziente System, das bislang fast ausschließlich im Ensuite-Betrieb des kommerziellen Bühnen-Entertainments angewendet wurde, kann allerdings nicht eins zu eins in den deutschen Repertoire-Betrieb integriert werden. Der Repertoire-Betrieb – auch in einer optimierten Form des ab S. 99 im Detail ausgeführten Repertoire-Block-Ensuite-Systems – stellt andere Anforderungen. Zudem existieren zwei im Ansatz zwar ähnliche, aber strukturell unterschiedlich vernetzte Systeme des Stage Managements. Die britische Herangehensweise unterscheidet sich von der US-amerikanischen in Aufgabenspektrum und Teamstruktur. Zwar ist die Position des Inspizienten am ehesten mit Teilen des Aufgabengebietes aus dem Stage Management zu assoziieren, allerdings handelt es sich keinesfalls um äquivalente oder austauschbare Positionen. Stage Management ist Teamwork und eine eigenständige Abteilung, die gemeinsam weit mehr leistet als ein deutscher Inspizient. Sie versteht sich als administrativer Organisations-Flaschenhals für alles, was auf der Bühne und in Probenräumen geschieht, und ist in jede Phase der Produktionsvorbereitung aktiv eingebunden.

Mit der Umstellung auf effizientere Organisationsstrukturen macht die Etablierung des Stage Managements in angepasster Form auf deutschen Bühnen unbedingt Sinn. Allerdings wäre es sinnlos, Inspizienten zu Stage Managern auszubilden und ansonsten die Organisationsstruktur des ineffektiven und trägen deutschen Repertoire Systems zu belassen wie es ist. Stage Management setzt Teamwork nicht nur in der eigenen Abteilung voraus. Eine funktionierende Stage-Management-Struktur basiert auf dem Prinzip der konsequenten Trennung von Organisation und Kreation. Ein Stage-Management-Team versteht sich als Koordinator und Übersetzer zwischen Kunst, Organisation und Technik und stellt sicher, dass sich die Spezialisten jeder Fachabteilung auf ihre tatsächliche Aufgabe konzentrieren können.

In großen kommerziellen Häusern, die auf effiziente Abläufe und präzise Kommando-Strukturen während der Vorstellung angewiesen sind, war das Stage-Management-System früh Standard. Die rund dreijährige Ausbildung von Stage Managern ist umfassend und qualitativ hochwertig, wird aber Stand April 2017 nur im angelsächsischen Sprachraum angeboten. Bleibt zu hoffen, dass sich mit dem Streben nach mehr Effizienz hinter den Kulissen auch hierzulande die öffentlichen Ausbildungsstätten diesem interessanten Berufsbild zuwenden.

Der Teamgedanke hat es schwer im konservativen deutschen Repertoire-System, sogar per Gesetz wird er ausgeschlossen. Mit dem Kompromiss zum Jahressteuergesetz 2013 gibt es dazu seit Juli 2013 einen Beschluss des Deutschen Bundestages: *„Steuerfrei sind [...] die Umsätze von Bühnenregisseuren und Bühnenchoreographen [...], wenn die zuständige Landesbehörde bescheinigt, dass deren künstlerische Leistungen diesen Einrichtungen unmittelbar dienen."*[9]

Die Beschränkung auf Regie und Choreografie ist zwar unverständlich, wäre aber an sich keine Aufregung wert. Befremdlich wirkt erst die Begründung der Bundesregierung: *„Die jetzt beschlossene Regelung [...] trägt dem herausragenden Stellen-*

---

[9] Deutscher Bundestag (Hg.), Drucksache 477/13: Gesetz zur Umsetzung der Amtshilferichtlinie sowie zur Änderung steuerlicher Vorschriften, Berlin 2013, S. 46.

wert von Regie- und Choreographieleistungen für Theater, Musik- und Tanztheater Rechnung. "[10]

Dem herausragenden Stellenwert? Wie ihn alle anderen Künstler im Kreativteam und auf der Bühne auch haben – bzw. haben sollten. Dabei geht es nicht primär um die an sich inzwischen sinnlose Regelung zur Umsatzsteuerbefreiung. Dass per Gesetz festgelegt wird, wer herausragend ist und wer nicht, zeigt, wie realitätsfremd die Kulturpolitik beraten wird.

Betrachtet man parallel die ursprüngliche Frage der Umsatzsteuerbefreiung, stößt man auf ein überflüssig erscheinendes Bürokratiemonster aus früheren Tagen, wie es bereits die Enquete-Kommission anprangert – prädestiniert dafür, gemeinsam mit dem Intendantentum entschlackt zu werden: *„Gemäß § 4 Nr. 20a UStG sind die Umsätze kultureller Einrichtungen der öffentlichen Hand [...] von der Umsatzsteuer befreit. [...] Die Erteilung der Bescheinigung nach § 4 Nr. 20a Satz 2 UStG verursacht einen hohen Verwaltungsaufwand sowohl für die zuständigen Landesbehörden als auch beispielsweise für die Theater- und Orchesterbetriebe. Die Behörden erheben zudem eine Verwaltungsgebühr für die Erteilung der Bescheinigung. Im Bereich Theater und Orchester wird diese Gebühr von den Kulturbetrieben entrichtet. Dies führt zur Erhöhung der Produktionskosten.* "[11]

„Je höher diejenigen Kosten sind, die Vorsteuer enthalten (zum Beispiel Sachkosten), und je höher die öffentlichen Betriebskostenzuschüsse sind (nicht steuerbar), desto größer ist die wirtschaftliche Wirkung einer Aufhebung der Steuerbefreiung. Denn: Ist der öffentliche Zuschuss (nicht steuerbar) hoch, so sind die steuerbaren Anteile des Umsatzes gering. Ist der Anteil der vorsteuerhaltigen Kosten hoch, so kommt es auch zu hohen Vorsteuererstattungen. Da die Vorsteuer in der Regel bei 19 Prozent liegt und die zu entrichtende Umsatzsteuer dem verminderten Satz unterliegt, ist der wirtschaftliche Effekt eines den Betrieb entlastenden Vorsteuerabzugs größer als der [sic] den Betrieb belastenden Besteuerung von Beträgen aus Ein-

---

[10] Presse- und Informationsamt der Bundesregierung (Hg.), Pressemitteilung 210. Berlin 2013.

[11] Deutscher Bundestag (Hg.), Drucksache 16/7000: *Schlussbericht der Enquete-Kommission „Kultur in Deutschland"*, Berlin 2007, S. 255.

trittskarten. Allein Betriebe, die kaum Sachkosten haben, hohe Personaletats und keine eigenen Immobilien bespielen, müssen von einer Aufhebung der Steuerbefreiung eine Verschlechterung erwarten, alle anderen Betriebe können mit einer – teils deutlichen – wirtschaftlichen Verbesserung rechnen. Öffentliche umsatzsteuerbefreite Kulturbetriebe sind im Übrigen gegenüber voll umsatzsteuerpflichtigen privaten Betrieben durch die Besteuerung benachteiligt. Dies kann zwar durch die öffentlichen Zuschüsse kompensiert werden. Gleichwohl kaufen öffentliche Betriebe ihre Leistungen dort zu einem höheren Preis als private Betriebe ein, soweit die ihnen gestellten Rechnungen Vorsteuern enthalten."[12]

Im Zuge einer Reformierung des Systems wäre daher eine generelle Abschaffung der Umsatzsteuerbefreiung für Theater sinnvoll. Wird die wichtige Trennung zwischen Management und Kunst konsequent umgesetzt, müssen Theater auch von der Arbeitsweise öffentlicher Haushalte abgekoppelt werden und als souveräne wirtschaftsnahe Unternehmensform auf der Grundlage von Ziel- und Rahmenvereinbarungen zur Subventionsverwendung effektiver arbeiten.

Bisher sind Theater oft Regiebetriebe der Länder oder Kommunen, was – wie die Enquete-Kommission korrekt anmerkt – ein langfristig autarkes Wirtschaften verhindert: *„Regiebetriebe sind öffentliche Verwaltungsbetriebe ohne eigene Rechtspersönlichkeit, die organisatorisch, rechtlich und haushaltsmäßig vollständig in den öffentlichen Verwaltungsträger eingegliedert sind. Daraus folgt zwangsläufig, dass der Regiebetrieb organisatorisch und finanziell nahezu keine eigenständigen Spielräume hat."[13]*

Weiter konstatiert die Enquete-Kommission: *„Die von den Gutachtern befragten Theater, Kulturorchester und Opern benennen als wichtigstes Kriterium für die Eignung einer Rechtsform beinahe durchgängig die Gewährleistung der wirtschaftlichen und künstlerischen Eigenständigkeit und Handlungsfähigkeit eines Theaters bzw. Orchesters. Mehrheitlich wird die*

---

[12] Deutscher Bundestag (Hg.), Drucksache 16/7000: *Schlussbericht der Enquete-Kommission „Kultur in Deutschland"*, Berlin 2007, S. 368.

[13] Deutscher Bundestag (Hg.), Drucksache 16/7000: *Schlussbericht der Enquete-Kommission „Kultur in Deutschland"*, Berlin 2007, S. 97.

Rechtsform des Regiebetriebs als dafür ungeeignet angesehen. Der Regiebetrieb behindere das unternehmerische Denken und Handeln, ermögliche der Theaterleitung nur wenig Spielraum für eine flexible Führung, bewirke häufig ein unerwünschtes ‚Hineinregieren' des Trägers in die Betriebsführung und führe zu schwerfälligen Entscheidungsstrukturen mit der Folge von Zeit- und Reibungsverlusten."[14]

Als Alternative werden auch sogenannte Eigenbetriebe gehandelt. Als Übergangslösung bzw. als erster Schritt geht das in die richtige Richtung. Aber auch für Eigenbetriebe gilt öffentliches Dienstrecht. Mit Blick auf vermehrt selbstständige Personalstrukturen und Haustarifverträge ist das langfristig ebenfalls kein gutes Modell.

Die Enquete-Kommission stellte bereits 2007 dazu ebenfalls fest: *„Anders als beim Regiebetrieb handelt es sich beim Eigenbetrieb grundsätzlich um ein wirtschaftliches kommunales Unternehmen im Sinne der Gemeindeordnungen. Als wirtschaftliche Unternehmen verfolgen Eigenbetriebe neben ihrem öffentlichen Zweck im Allgemeinen eine wirtschaftliche Zielrichtung. Sie sollen insbesondere einen Gewinn für den Haushalt abwerfen. Die Erfüllung des öffentlichen Zwecks hat aber auch bei Eigenbetrieben stets Vorrang. Deshalb kommt die Organisation als Eigenbetrieb bzw. als ‚eigenbetriebsähnliche Einrichtung' auch für Theaterunternehmen in Betracht, die zur Gewinnerzielung nicht in der Lage sind. [...]*

Das als Eigenbetrieb geführte Theater bleibt allerdings – wenn auch verselbstständigter – Bestandteil der öffentlichen Verwaltung. Das kann hinsichtlich der praktisch-politischen Umsetzbarkeit einer Organisationsänderung von Vorteil sein: Bleibt die rechtliche Anbindung eines Theaters bei der Umwandlung in einen Eigenbetrieb voll erhalten, wird eine solche Strukturänderung von den verantwortlichen politischen Gremien möglicherweise leichter hingenommen, als wenn auch die rechtlich-formale Verselbstständigung des Theaters gefordert wird. Zudem bleiben die Beschäftigungsverhältnisse im Theater bei der Umwandlung eines Regiebetriebs in einen Eigenbetrieb unangetastet. Es kommt zu keinem Betriebsübergang im Sinne

---

[14] Deutscher Bundestag (Hg.), Drucksache 16/7000: *Schlussbericht der Enquete-Kommission „Kultur in Deutschland"*, Berlin 2007, S. 113.

des § 613a BGB, dem die Beschäftigten widersprechen könnten. Andererseits sind die personalwirtschaftlichen Möglichkeiten der Eigenbetriebe ähnlich wie beim Regiebetrieb beschränkt: Wegen der rechtlichen Unselbstständigkeit des Eigenbetriebs bleibt die Kommune als Trägerkörperschaft Arbeitgeber der am Theaterbetrieb beschäftigten Arbeitnehmer. Es gilt öffentliches Dienstrecht. Die Vereinbarung von Haustarifverträgen ist für die als Eigenbetriebe organisierten Theater und Orchester nicht möglich.[15]

Was also tun? Die Antworten sind nicht neu:

„Die Enquete-Kommission empfiehlt den Trägern von Theatern, Opern und Orchestern, sich für rechtliche Verselbstständigungen zu öffnen. Als bevorzugte Rechtsformen bieten sich hier die – gegebenenfalls gemeinnützige – Gesellschaft mit beschränkter Haftung (GmbH) oder die Stiftung, bei Orchestern unter Umständen auch der rechtsfähige Verein, an.

Die Enquete-Kommission empfiehlt den kommunalen und staatlichen Trägern, Theater, Opern und Orchester aus den hemmenden Beschränkungen des Haushaltsrechts mit den Grundsätzen der Kameralistik zu befreien. In diesem Zusammenhang empfiehlt die Enquete-Kommission, die Haushaltgrundsätze der Jährlichkeit, Spezialität und Nonaffektation aufzuheben. Den Theatern, Opern und Orchestern ist eine mittelfristige Finanz- und Planungssicherheit zu schaffen. Dies kann nicht allein durch die rechtliche Verselbstständigung etwa in Form einer GmbH geschehen, denn so lange eine solche GmbH abhängig ist von jährlich erlassenen Zuwendungsbescheiden, die die Mittelverwendung ihrerseits wieder unter die Bedingungen der jeweiligen Haushaltsordnung stellt [sic], ist nichts gewonnen. Deshalb empfiehlt die Enquete-Kommission den Abschluss eines auf mehrere Jahre (etwa fünf) befristeten Zuwendungsvertrages mit den jeweiligen Einrichtungen, der jeweils durchsetzbare Ansprüche gegen den Zuwendungsgeber begründet. Die Häuser müssen selbst erwirtschaftete Überschüsse thesaurieren und mit den ihnen zugewiesenen Mitteln in den Grenzen ihrer Zwecksetzung frei wirtschaften können. In-

---

[15] Deutscher Bundestag (Hg.), Drucksache 16/7000: *Schlussbericht der Enquete-Kommission „Kultur in Deutschland"*, Berlin 2007, S. 114/ 115.

*soweit empfiehlt die Enquete-Kommission, die generelle Mög-
lichkeit der Bildung von Rücklagen zu schaffen.*"[16]

Politik, Management und Kunst sind gleichermaßen gefordert, belastbare Strukturen und Arbeitsweisen für Theater im 21. Jahrhundert zu realisieren.

---

[16] Deutscher Bundestag (Hg.), Drucksache 16/7000: *Schlussbericht der Enquete-Kommission „Kultur in Deutschland",* Berlin 2007, S. 116.

Repertoire? Ja, aber effizient!

Direktor:

Ein Mann, der recht zu wirken denkt,
Muß auf das beste Werkzeug halten.

Ein Markenzeichen des bisherigen deutschen Repertoire-Systems sind ungeheure Lagerkapazitäten, aufwendige Transportlogistik, durchgehend hoher Personaleinsatz der technischen Abteilungen in Doppelschichten und enormer Zeitaufwand. Dies macht es möglich, dass bei der Spielplangestaltung theoretisch jedes erdenkliche Stück aus dem Fundus des Theaters an jedem erdenklichen Abend angesetzt bzw. tagsüber geprobt werden kann. Braucht es das tatsächlich in dieser aufwendigen, zeitraubenden, personal- und finanzintensiven Form? Ist es, fokussiert auf die künstlerische und kunsthandwerkliche Qualität, nicht sinnvoller, Personal-, Zeit- und Finanzressourcen auf das Wesentliche, das Produkt auf der Bühne, zu bündeln? Der hohe Aufwand kommt bisher nicht dem Produkt zugute. Im Gegenteil. Durch das viele Auf- und Abbauen zu Probenzwecken leidet z. B. die Dekoration schon vor der Premiere.

Vor diesem Hintergrund ist ein zentrales Anliegen dieses Buches die Empfehlung des Repertoire-Block-Ensuite-Betriebes, wie er ab Seite 99 im Detail beschrieben wird.
Dieses Konzept, das in diesem Buch erstmalig in konkreter Form entwickelt und veranschaulicht wird, bildet die Grundlage für viele der folgenden Ausführungen.

Ein moderner Repertoire-Block-Ensuite-Betrieb würde eine Qualitätssteigerung ermöglichen, technische Abläufe optimieren, verdichtete Probensituationen erlauben und frei werdende Ressourcen in die künstlerische Umsetzung oder Vermarktung investieren – also deutlich näher am Produkt agieren, als es die bisherigen, aufwendigen peripheren Logistikabläufe zulassen.

Wie die Bezeichnung Repertoire-Block-Ensuite-Betrieb nahelegt, handelt es sich um eine optimierte Kombination aus Repertoire- und Ensuite-Betrieb[17] – also um eine konsequente Weiterentwicklung des Semi-Stagione-Betriebes.[18]

Gilt Semi-Stagione bisher lediglich als wirtschaftlicher Kompromiss zwischen beiden Systemen, kann eine effektive Umsetzung im hier vorgeschlagenen Block-Repertoire zusätzlich künstlerische Vorteile schaffen – die wirtschaftlichen werden freilich ebenfalls nicht ausbleiben.

Verfechter des klassischen deutschen Repertoire-Systems müssen sich von der nahezu unbegrenzten Vielfalt an Produktionen verabschieden. Repertoire-Blöcke begrenzen die Anzahl der vollwertigen unterschiedlichen Produktionen einer Saison pro Spielstätte auf maximal 18. In diesem Rahmen bleiben die Voraussetzungen für ein Abonnenten-System erfüllt.

Zur Umsetzung des Repertoire-Block-Ensuite-Betriebes werden pro Saison Blöcke von zwei bis vier Produktionen gebildet, die gemeinsam mehrere Wochen auf dem Spielplan stehen. Für jeden Block wird eine produktionsübergreifende Bühnenbildeinrichtung entwickelt. Dieses wird aus einem Grundaufbau, dem *Permanent Set*, und verschiedenen variablen Teilen für die einzelnen Produktionen, dem *Temporary Set*, bestehen. Die Maßgabe ist, dass mit moderatem Personaleinsatz innerhalb von 30 Minuten beliebig zwischen den Produktionen eines Blocks umgebaut werden kann.

---

17 *frz.* ensuite: „in Folge, nacheinander". Hier wird eine Produktion nahezu täglich aufgeführt. Sinken die Zuschauerzahlen auf ein wirtschaftlich kritisches Niveau, wird die Produktion abgesetzt und das Theater in der Regel sehr aufwendig für eine neue Produktion eingerichtet. Wiederaufnahmen sind nicht vorgesehen. Dies ist beispielsweise das gängige System am Londoner West End oder am New Yorker Broadway.

18 *ital. Semi-Stagione*: etwa „Halb-Spielzeit". Hier wird in vorher definierten Zeiträumen von drei bis sechs Wochen „ensuite" gespielt. Danach wird kurzfristig auf eine andere Produktion umgebaut. In diesem System können die unterschiedlichen Produktionen immer wieder als Wiederaufnahmen auf den Spielplan kommen. Außerhalb großer Metropolen gilt dieses System im angelsächsischen Sprachraum als „Repertory Theater".

Um die maximale Anzahl von 18 Produktionen zu erreichen, werden sechs Blöcke mit jeweils drei Produktionen gebildet. Am flexibelsten und effizientesten ist man jedoch mit zwölf Produktionen pro Saison, die auf vier Blöcke verteilt werden. Wie das Beispiel im Anhang ab Seite 99 zeigt, ist man mit dieser Konstellation extrem anpassungsfähig, was eine spürbare Erhöhung der Vorstellungsanzahl, deutlich erweiterte Probenzeiten oder umfangreiche Drittnutzung des Theaterraumes ermöglicht. Disponenten können den jeweiligen Schwerpunkt variieren und haben viele Möglichkeiten, auf unterschiedliche Anforderungen einzugehen. In Kombination mit Vorbühnenproduktionen, die mit stark reduzierter Dekoration und ohne Nutzung der Hauptbühne auskommen, lässt sich auf klassischen Theaterbühnen die Anzahl der Produktionen im Block noch steigern. Wiederaufnahmen sind dagegen im hier vorgeschlagenen Block-Repertoire-System nur noch in überarbeiteter Form möglich.

Für Bühnenbildner, Licht-, Sound- und Videodesigner gelten ähnliche Voraussetzungen innerhalb eines Blocks: Das eingerichtete Set muss für den kompletten Block funktionieren. Die Tatsache, dass nicht zwischen jeder Aufführung und Probe umgebaut oder umgeleuchtet werden muss, bringt künstlerisch enorme Vorteile und kunsthandwerkliche Kontinuität. Alle Produktionen können kompakt, nahezu ohne Umbauunterbrechungen auf der Bühne im originalen Set geprobt werden. Dies ermöglicht ausgefallene, dramaturgisch motivierte technische Bewegungen, aufwendig programmiertes Licht und einen zusammenhängenden künstlerischen Fokus der Kreativteams während einer kompakten Probenzeit. Die Arbeit mit externen Künstlern und Kreativen wird zeitlich auf einen Block konzentriert, was nicht nur in künstlerischer, sondern auch in administrativer Hinsicht Vorteile bringt.

Das Foyer kann während der jeweils eineinhalb- bis zweiwöchigen Umbauten und Proben zwischen den Blöcken durchgehend für Veranstaltungen, Vermietungen oder mehrtägige Festivals genutzt werden.

Bühne und Saal bieten dagegen während der Spielzeiten der Blöcke viel Gelegenheit für zusätzliche, auch tagsüber stattfindende Veranstaltungen oder Gastspiele – z. B. als Alternative zum parallelen Betrieb von anderen öffentlich getragenen Veranstaltungsräumen. Ein interessanter Schritt auf dem Weg, das Theater für möglichst viele gesellschaftliche Begegnungen zu öffnen. Dies wird ermöglicht, weil nach den Premieren tagsüber oder an Schließtagen keine nennenswerten Proben oder Umbauten mehr auf der Bühne stattfinden müssen.

Bei hoher Nachfrage wäre ein Theater in der Lage, bis zu vier Vorstellungen pro Tag zu spielen. Gerade in den nachfrageintensiven Wintermonaten ist es nicht abwegig, z. B. am Vormittag zweimal *Märchen*, am Nachmittag und am Abend zwei der *großen* Produktionen aufzuführen.

Wenn auch die unterschiedlichen Produktionen pro Saison und Spielstätte auf maximal 18 beschränkt werden, so bleibt doch die anzustrebende Anzahl von rund 220 Vorstellungen pro Spielstätte gewährleistet. Der Repertoire-Block-Ensuite-Betrieb bietet zudem die Möglichkeit, diese Vorstellungsanzahl zu steigern. Mit Blick auf den demografischen Wandel innerhalb der Gästestruktur kann es durchaus von Vorteil sein, mehr Vormittags- oder Nachmittagsvorstellungen anzusetzen – ohne deshalb auf eine Aufführung am Abend verzichten zu müssen, weil der Umbau nicht realisierbar wäre.

Mit Ende eines Repertoire-Blocks haben die Produktionen abgespielt und können innerhalb einer Produktionsgemeinschaft weitergegeben, verkauft oder weiterverarbeitet bzw. entsorgt werden. Prinzipiell werden so alle Werke zu individuellen *Saisonvorstellungen*. Der Druck auf das Publikum, sie *jetzt oder nie* zu sehen, wird erhöht. Anders gesagt werden die einzelnen Aufführungen zu Raritäten und damit wertvoller.

Wesentliche Bühnenbildelemente erfolgreicher Werke können nach wie vor gelagert werden, um in anderen Repertoire-Blöcken für eine Wiederaufnahme in modernisierter oder überarbeiteter Fassung einsetzbar zu sein. Die Logistik einer solchen Lagerung ist ungleich simpler als das komplexe bisherige Repertoire-System im täglichen Betrieb.

Durch die Einbindung einer Wiederaufnahme in einen veränderten Repertoire-Block wird sich zwangsläufig ein vollwertiges Stage-Management- und Kreativ-Team mit jeder Wiederaufnahme befassen – anstelle der Regieassistenten, die dafür selten in allen künstlerischen und technischen Belangen qualifiziert sind. Dies trägt zur grundsätzlichen Qualitätssteigerung bei.

In den technischen Bereichen kann durch den Repertoire-Block-Ensuite-Betrieb – neben der Schaffung deutlich erweiterter künstlerischer Spielräume – eine kontinuierliche, hohe kunsthandwerkliche Qualität erreicht werden. Die Frequenz von technischen Innovationen übersteigt inzwischen die Lebensdauer von Anschaffungen deutlich. Es ist daher ausreichend, nur noch einen reduzierten technischen Bestand vorzuhalten, um tägliche Standardanforderungen abzudecken. Durch die zeitliche Beschränkung der Repertoire-Blöcke ist es sowohl wirtschaftlich als auch künstlerisch sinnvoll, die jeweils notwendige zusätzliche Technik zu mieten. Die Zusammenarbeit mit externen Firmen kommt zudem einer veränderten Personalstruktur zugute.

Dadurch, dass nach Ende eines Repertoire-Blocks keine Notwendigkeit mehr besteht, eine Produktion unter derselben technischen Bedingung reproduzieren zu müssen, werden kontinuierliche Modernisierungen einzelner Bereiche erleichtert. Die Umbauzeiten zwischen den Blöcken bieten die Möglichkeit, kleine technische Sätze – z. B. alle Scheinwerfer einer Position – auszutauschen. Auch nicht direkt mit den Aufführungen verbundene Wartungs- oder Sanierungsarbeiten – z. B. das Ausbessern der Saalbestuhlung – können aufgrund der längeren Umbauphasen von eineinhalb bis zwei Wochen besser im laufenden Betrieb realisiert werden.

Im Repertoire-Block-Ensuite-Betrieb kommt es zu weniger eigenen technischen Anschaffungen, reduzierter Lagerhaltung und verringertem Wartungsaufwand. Künstlerisch wird es möglich, die geeignetste verfügbare Technik einzusetzen. Das Argument, es sei langfristig günstiger, Technik zu kaufen, als sie jeweils zu mieten, ist korrekt. Allerdings ist die gekaufte Technik nicht immer die passende für das jeweils zu erreichende

Ergebnis. Die kunsthandwerkliche Qualität an subventionierten Theatern zu steigern, muss erklärtes Ziel sein.

Damit einher geht auch ein mittel- und langfristiger Personalabbau in der Übergangsphase zu einem Repertoire-Block-Ensuite-Betrieb. Eine Zusammenarbeit mit externen Technikanbietern optimiert den Personaleinsatz zusätzlich. Ziel bleibt jedoch qualitativ hochwertigeres Theater, nicht billigeres.

Zur optimalen Bündelung der Ressourcen gehört auch die Bespielung einer angemessenen Anzahl von Spielorten. Im besten Falle sind das zwei: ein *großes Haus* und eine kleinere *Studiobühne*. Die manchmal schon inflationäre Entdeckung möglichst vieler Spielorte trägt nicht automatisch zu einer besseren künstlerischen Arbeit bei – im Gegenteil. Konzentrierte Theaterkunst auf hohem Niveau ist allemal besser als Theater nach dem Gießkannenprinzip an jeder Ecke. Diese Meinung vertritt u. a. auch der Theaterwissenschaftler und Dramaturg Christian Holtzhauer: *„Weniger produzieren heißt nicht unbedingt weniger Arbeit. Es ist vielmehr die Chance, sich mehr auf Inhalte zu konzentrieren und eine qualitativ andere Arbeit zu liefern."*[19]

Unter Berücksichtigung der gesteigerten Qualität überwiegen die künstlerischen und wirtschaftlichen Vorteile eines Repertoire-Block-Ensuite-Betriebes. Für weitere Abteilungen wie z. B. Kostüm, Maske und Requisite ergibt sich in Bezug auf Arbeitsweise, Lagerhaltung und Qualitätssteigerung ein ähnlicher Sachverhalt. Aber unabhängig, für welche Abteilung die Vorteile betrachtet werden: Wichtigste Voraussetzung ist immer eine team- und zielorientierte gute Vorplanung. Die Erwartung von Regisseuren, jederzeit auf einen nahezu unerschöpflichen Fundus zugreifen zu können, gehörte glücklicherweise der Vergangenheit an. Professionelle, gut ausgebildete Theatermacher sind in der Lage, die wesentlichen Punkte entsprechend vorzuplanen und dabei einen angemessenen Spielraum für Eventualitäten während der Umsetzung zu berücksichtigen.

---

[19] Holtzhauer, Christian: Klasse statt Masse. In: Südwest Presse vom 23.01.2014.

Die größte planerische Umstellung scheint vermeintlich im Bereich Bühnenbild zu liegen: Ein Bühnenbildner ist für jeweils mehrere Produktionen des Blockes zuständig. Allerdings ist es ebenfalls möglich, nach wie vor mehrere Bühnenbildner einzusetzen, wenn sie digital parallel am selben Projekt arbeiten. Wie im Licht-, Video- oder Sounddesign auch, ist es daher möglich und sinnvoll, aber nicht zwingend, pro Block jeweils nur einen Designer der technischen Gewerke zu verpflichten. Alle anderen Mitglieder des Kreativteams, wie Kostümbildner, Choreografen, Regisseure etc., sollten nach wie vor produktionsbezogen arbeiten – allein schon um die in einem Block verdichtete Arbeit auch außerhalb der Bühnenzeiten zu bewältigen. Für die Koordination der Prozesse in so einem System ist eine Stage-Management-Abteilung prädestiniert.

Die effizienten Strukturen eines modernisierten Repertoire-Block-Ensuite-Systems haben insgesamt einen positiven Einfluss auf die künstlerische Arbeit. Es steht mehr Bühnenzeit in kompakteren Zeiträumen zur Verfügung. *„Deutschlands verlässlichster Skandalregisseur"[20]*, Hans Neuenfels, forderte im Februar 2014: *„Wir bräuchten mehr Schließtage an den Theatern. Tage ohne Vorstellung, aber mit Proben. Theater braucht Zeit."[20]* Dem ist mit Einschränkungen zuzustimmen. Schließtage sind für ein Theater, das offen auf die Gesellschaft zugehen möchte, kontraproduktiv. Das Foyer während der Umbauten zwischen Repertoire-Blöcken für vielfältige Veranstaltungen zu öffnen steuert dem bereits entgegen. Ein Theater muss offen sein. Das Repertoire-Block-Ensuite-System bietet zudem kompakte und effektiv nutzbare Bühnenzeiten, um Stücke besser als bisher einzurichten, da u. a. die ständigen Umbauten des klassischen Repertoire-Systems wegfallen. Theater braucht definitiv Zeit – aber für künstlerische Proben stehen hauptsächlich die Probenräume zur Verfügung. Auf der Bühne erfolgt der Feinschliff und die vorher detailliert geplante Zusammenführung mit den anderen Gewerken.

---

[20] dpa-Meldung „Hans Neuenfels macht wieder Theater in Wien",
in Südwest Presse vom 10.02.2014.

Um den Anspruch an hohe Effizienz zu realisieren, braucht es Theaterprofis, die in Kreativ- und Stage-Management-Teams professionell zusammenarbeiten. Eine Arbeitsweise, die sich auf spontane Wünsche eines Regisseurs fokussiert, ist nicht akzeptabel.

Die meisten Probenräumlichkeiten an öffentlichen Häusern bieten hohen Komfort und versetzen Regisseure durch entsprechend eingerichtete Probenaufbauten in die Lage, sehr nah an den späteren Bedingungen zu proben. Im klassischen Repertoire-Betrieb werden Probenräume teilweise so weit modifiziert, dass sie nur noch für eine Produktion nutzbar sind. D. h. sie stehen oft leer, da das Ensemble einer Produktion noch andere Verpflichtungen durch das laufende Repertoire hat.

In einem Repertoire-Block-Ensuite-System kann ohne nennenswerte Einschränkungen geprobt werden, da jedes Ensemble möglichst exklusiv für einen Block zusammengestellt werden sollte. Die Effektivität in der Nutzung von Probenräumlichkeiten und Personalressourcen steigt und die Probenarbeit gestaltet sich produktiver und kompakter.

Unterstützt durch die effiziente Struktur des Repertoire-Block-Ensuite-Systems, können auch die Theaterferien aufgeteilt werden. Neben Wartungsarbeiten dienen Theaterferien zum Einbau des folgenden Repertoire-Blocks. Da sich zwischen den anderen Repertoire-Blöcken auch Möglichkeiten für Wartungs- und Renovierungsmöglichkeiten bieten, entzerren sich insgesamt die Wartungsarbeiten und es sind nicht immer sechs zusammenhängende Wochen Theaterferien nötig. Daher wäre es sinnvoll, nicht ausschließlich im Sommer Theaterferien zu machen, sondern auch nach dem Weihnachtsblock – der in der Regel am 6. Januar endet – mehrere freie Tage einzuplanen. Nach dem Dreikönigstag im Januar beginnt eine nachfrageschwache Zeit fürs Theater. So entstünde z. B. die Möglichkeit, Personalressourcen zusätzlich für ein Sommerfestival zu nutzen oder für zwei Blöcke im Jahr – jeweils nach der Sommer- und der Winterpause – noch aufwendigere technische Einbauten vorzunehmen als zwischen den anderen Blöcken.

Bei allen Überlegungen zur Umstellung auf das modernisierte Repertoire-Block-Ensuite-System wird deutlich, dass sich die klassische Struktur von Repertoire und Ensemble zwar grundlegend wandeln muss, aber ihre Elemente erhalten bleiben. Die Betrachtungen der Enquete-Kommission gehen dazu noch nicht weit genug: *„ Wichtig wird es [...] sein, die wesentlichen Strukturelemente des deutschen Theaterbetriebes zu erhalten: Ensemble und Repertoire. Diese Strukturelemente sind es nämlich, die die Vielfalt und Kreativität des deutschen Theaters ausmachen. Und sie erlauben durch die hohe Zahl von Aufführungen eine optimale Ausnutzung der dem Theater zur Verfügung stehenden Ressourcen. “*[21]

Auch mit dem Repertoire-Block-Ensuite-Betrieb bleibt eine Vielfalt an Stücken erhalten, das Repertoire wird aber anders strukturiert: Die bisherigen festen Ensembles werden prinzipiell ebenfalls erhalten, aber auf ein Minimum an sich vielversprechend entwickelnden künstlerischen Talenten beschränkt und, soweit sinnvoll und finanziell möglich, durch freie Profis flexibilisiert.

Für eine tatsächlich *„optimale Ausnutzung der dem Theater zur Verfügung stehenden Ressourcen“* muss in allen Bereichen noch viel getan werden. Der Eindruck der Enquete-Kommission, hier sei schon ein hohes Niveau erreicht, täuscht.

Der Anhang ab Seite 99 zeigt eine Saison mit vier Repertoire-Blöcken. Grundlage dafür ist ein realer Spielplan eines renommierten Mehrspartenhauses, der ebenfalls schematisch abgebildet wird. Zwölf Produktionen sind meist für einen interessanten Spielplan ausreichend – noch dazu, wenn Programme im Foyer das Angebot ergänzen. Davon ausgehend, dass ein ähnliches System auch in einer zweiten Spielstätte praktiziert wird, könnten also in einem Haus innerhalb einer Saison mindestens 24 unterschiedliche Bühnenproduktionen angeboten werden.

---

[21] Deutscher Bundestag (Hg.), Drucksache 16/7000: *Schlussbericht der Enquete-Kommission „Kultur in Deutschland“*, Berlin 2007, S. 107.

Blickt man auf die gängige Praxis großer Opern- und Schauspielhäuser, wo zwischen 20 und 40 Produktionen im Repertoire gespielt werden, stößt das Repertoire-Block-Ensuite-System mit seinem hohen Qualitäts- und Effizienzanspruch an Grenzen. Um alle Vorteile des Systems zu nutzen, ist die Obergrenze von 18 Produktionen pro Spielstätte, mit durchschnittlich mindestens zwölf Aufführungen, verteilt auf sechs Blöcke, maßgeblich.

Fraglich ist, ob die hohe Anzahl von Produktionen – von denen manche nur selten zur Aufführung kommen – im bisherigen Repertoire-System tatsächlich einen Mehrwert für Publikum und Gesellschaft darstellt. Wenn erfolgreiche oder künstlerisch wertvolle Klassiker im Repertoire gehalten werden sollen, ist ihre Einbindung in unterschiedliche Repertoire-Blöcke des Repertoire-Block-Ensuite-Systems qualitativ sinnvoller. Die Integration von Wiederaufnahmen in Repertoire-Blöcke gewährleistet ihre jeweilige erneute Umsetzung durch ein vollwertiges Kreativteam. Damit werden eine Qualitätskontrolle, Modernisierungen sowie Anpassungen an veränderte Verhältnisse auf hohem Niveau realisiert.

Für clevere Disponenten, ehrgeizige Künstler und modern arbeitende Produzenten bietet das Repertoire-Block-Ensuite-System eine zeitgemäße Struktur für anspruchsvolles Theater. Einen möglichen Aufbau und die Strukturelemente von Repertoire-Blöcken beschreibt der Anhang ab Seite 99.

Ein Qualitätsraster

Lustige Person:

Wer sich behaglich mitzuteilen weiß,
Den wird des Volkes Laune nicht erbittern

Theater braucht Publikum, das dem Theaterereignis erwartungsvoll entgegenblickt, sich als Gast willkommen und gewollt fühlt und – am wichtigsten – dessen Erwartungen erfüllt, besser noch übertroffen werden. Die Kulturschaffenden an öffentlichen Häusern dürfen nie die Solidargemeinschaft, für die Theater gemacht wird, aus den Augen verlieren: den Auftrag- und Geldgeber – das Publikum. Ohne aktive Einbeziehung der Nutzer erscheint ein kulturpolitischer Auftrag zunehmend sinnlos.

Die bürgerliche Gesellschaftsschicht, die regelmäßig in *das* Theater geht, verliert stetig an Gewicht. Wenn das Theater sich nicht auf veränderte Gesellschaftsverhältnisse einstellt, könnte es sein, dass man sich am Theater bald nicht mehr in Gesellschaft befindet – was unweigerlich zur Schließung und zum Einstellen dieser wichtigen gesellschaftlichen Arbeit führen würde.

Um gesellschaftlich relevant zu werden, muss eine inhaltliche Zielgruppen-Diversifizierung realisiert werden, ohne Theater dabei einer überzogenen Kommerzialisierung auszusetzen.

Im kommerziellen Entertainment sollen möglichst viele Zuschauer für möglichst viele Vorstellungen in einem möglichst großen Saal akquiriert werden. Dafür produziert man ein Stück, das einen möglichst anhaltenden Erfolg garantiert.

Im subventionierten Rahmen muss andersherum gedacht werden. Die Zuschauerkapazität ist hier der real zu erreichenden Zielgruppe des künstlerischen Werks anzupassen. Dabei sollten mindestens zehn Vorstellungen innerhalb eines Repertoire-Blocks gespielt werden. Scheint eine akzeptable Auslastung dieser Vorstellungen aufgrund der zu erwartenden Besucherzahlen selbst im kleinsten zur Verfügung stehenden Raum nicht wahrscheinlich, sollte eine Produktion nicht realisiert werden – sie würde damit durch das Raster der öffentlichen Finanzierung fallen.

Die Aufgabe von Theatermachern ist es, das künstlerische Produkt und das entsprechende Publikum unter Ausnutzung der zur Verfügung gestellten Sitzplatzkapazitäten zusammenzuführen. So komplex diese Aufgabe im Vorfeld einer Produktion erscheint, so simpel kann sie in vielen Punkten z. B. durch szenische Lesungen in neutralem Rahmen gelöst werden. Proben und technischer Aufwand dafür sind vergleichsweise gering: Neben den verteilt vorgetragenen Rollen beschreibt ein neutraler Kommentator anschaulich die Bilderwelten und nötigen Regieanweisungen. So entsteht eine Art Hörspiel, das gepaart mit der Fantasie in den Köpfen der Zuhörer einen sowohl emotionalen als auch rational bewertbaren Eindruck der geplanten Produktion vermittelt. Im Bereich der Ausstattung wird schnell erkannt, was wirklich wesentlich ist und worauf verzichtet werden kann, da es sich selbstständig in der Fantasie der Zuschauer herstellt. Für Musiktheater- oder Tanzproduktionen finden sich Äquivalente zur szenischen Lesung.
Ein intelligentes System des Publikumsfeedbacks kann nach solchen Veranstaltungen sowohl dem Kreativteam als auch Management, Marketing und Presse wichtige Erkenntnisse liefern. Diese Erkenntnisse können erheblich zur Entscheidung beitragen, ob und in welchem Rahmen ein künstlerisches Konzept umgesetzt wird.
Mit Matineen oder anderen Schnupperveranstaltungen vor Premieren realisieren manche Institutionen bereits Ähnliches – allerdings ist zu diesem Zeitpunkt die Produktion meist bereits fertiggestellt, geprobt und fest im Spielplan verankert. Das Publikum hat nur noch die Möglichkeit, Statist zu sein, anstatt einen Entstehungsprozess mitzuerleben und durch entsprechendes Feedback auch mitzugestalten. Eine solche Friss-oder-stirb-Taktik bzw. die Abschottung gegen aktive Einflussnahme ist nicht mehr zeitgemäß.

Zu erwarten ist, dass von konservativer Seite eine *vor Publikumswünschen zu schützende Kunstfreiheit* ins Feld geführt wird. Theater im 21. Jahrhundert wird allerdings nicht funktionieren, wenn zwar die Teilnahme des Publikums erwartet, aber eine inhaltliche Mitwirkung als Einmischung betrachtet und abgeblockt wird.

Die hier schemenhaft skizzierte Funktionsweise eines Auswahlsystems, das eine kreative Idee vor ihrer Umsetzung konsequent prüft, sichert auch in Zukunft künstlerischen Ideen eine solide Plattform. Dabei geht es im Wesentlichen darum, jeweils ausreichend Publikum zu garantieren, nicht aber generell eine sogenannte Massentauglichkeit herzustellen.

Vergleichbar mit der Entwicklung von Prototypen, haben alle Ideen die Chance, aus dem Studiotheater bis ins *Große Haus* aufzusteigen – allerdings nur, wenn von Anfang an und bei jedem Zwischenschritt Raum und Ausstattung nur Hilfsmittel sind und das kreative Konzept die treibende Kraft bleibt. Ziel darf jedoch nicht sein, jede anfangs kleine Produktion auf eine große Bühne bringen zu wollen. Ziel muss sein, jeder Produktion zu *ihrem* Publikum zu verhelfen. Und ja, Ziel muss dabei auch sein, möglichst keinen Zuschauerplatz unverkauft zu lassen – und zwar vor allem im Sinne der Kunst. Ein ausverkaufter Saal ist ein unbestrittener Mehrwert für Künstler, Gäste und Theater. Ein lediglich (auf-)gefüllter Saal erfüllt diese Ansprüche nicht. Tickets zu verschenken oder zum Preis einer Kinokarte zu verschleudern, zerstört eine positive Wahrnehmung und wertet das Theater und die Arbeit der Künstler ab.

Wird das Raster zur Produktionsauswahl konsequent angewandt und werden alle entscheidungsrelevanten Punkte dokumentiert, können alle Verantwortlichen die Arbeit eines Theaters transparent verfolgen und die gewonnenen wirtschaftlichen und vertrieblichen Daten in die Bewertung künftiger Projekte einfließen lassen. Leere Säle werden unwahrscheinlicher und die Spielpläne werden sich durch diese und weitere Maßnahmen stark wandeln.

Es kann immer sein, dass ein Kreativ- oder Autorenteam trotz begründeter Ablehnung durch die Verantwortlichen eines Theaters unbeirrt an das eigene Konzept glaubt. Wenn das Team damit nicht alleine steht und sich eine ausreichende Anzahl interessierter Besucher findet, sollte es auch für solche Projekte trotz vorheriger Ablehnung Chancen geben – über eine vom jeweiligen Theater gesteuerte Crowdfunding-Projektreihe[22].

Dazu bietet das Theater der Crowd, also der Bevölkerung, kontinuierlich die Möglichkeit, zwischen mehreren Projekten Funding-Entscheidungen zu treffen. Welche Projekte zur Auswahl stehen, definiert die Kreativdirektion. Der Produzent garantiert, ein durch die Crowd ausreichend gefördertes – und somit teilfinanziertes – Projekt, kurzfristig umzusetzen.

Wenn z. B. 800 Unterstützer bereit sind, ein Projekt mit je 30 € zu fördern, hat das Konzept offenbar Relevanz in Teilen der Gesellschaft und kann umgesetzt werden. Dankeschöns[23] in Form von Tickets für die Unterstützer sollten im Mittel aller Aufführungen zu einer Auslastung von bis zu 65 % führen. Davon ausgehend, dass eine Unterstützung von 30 € ein Ticket wert ist, sollte in diesem Beispiel bei zehn geplanten Aufführungen daher ein Raum mit ca. 100 Sitzplätzen zur Verfügung stehen. So wird garantiert, dass auch reguläre Gäste die Möglichkeit zum Besuch haben und dadurch weitere Einnahmen entstehen können. Zur Bewertung des tatsächlichen Erfolgs ist dies entscheidend. Säle zwischen 80 und 120 Sitzplätzen entsprechen der Durchschnittsgröße von Aufführungsorten der freien Szene. In dieser Größenordnung zu planen macht also Sinn, zumal eine höhere Finanzierung durch die Crowd bisher noch unrealistisch scheint. Neben der Eintrittskarte erhalten die Geldgeber für ihr Engagement zusätzlich z. B. Zugang zu einem exklusiven Empfang oder zu Gesprächen mit den Autoren und dem Regieteam. Dies kann von der Höhe der geleisteten Beträge abhängig gemacht werden.

---

[22] *engl.* Crowdfunding: etwa „Schwarmfinanzierung"

[23] Bezeichnung der im Crowdfunding üblichen, oft ideellen Gegenleistung für eine finanzielle Unterstützung.

Wenn die skizzierte Beispielproduktion mit einem Funding-ziel von 24.000 € erfolgreich ist, deckt dies nur einen Teil der Produktionskosten, belegt aber einen sicheren öffentlichen Zuspruch. Damit kann eine Legitimation für die Umsetzung solch eines Projektes innerhalb der subventionierten Struktur kaum infrage gestellt werden.

Die Möglichkeiten der digitalen Distribution sind vielfältig und die Theater sollten sie kontinuierlich für den öffentlichen Dialog bzw. die digitale Distribution der Angebote nutzen. Auch die EU-Kommission hat 2013 erkannt: *„Crowdfunding als alternative kollektive, partizipatorische und interaktive Methode der Mittelbeschaffung gewinnt zunehmend an Bedeutung"*.[24] Informationen, die durch die Partizipation der Crowd gewonnen werden, lassen sich zudem als nützliche Daten für das Customer Relationship Management (CRM) herausfiltern.

Weder bietet Crowdfunding einen schnellen Weg zum künstlerischen Erfolg, noch kann es Haushaltsprobleme lösen. Es ist nur ein Teilbereich des gesamten Kontexts von Theater in der Gesellschaft.

Im Sinne eines gesunden Wachstums von Projektideen müssen sich auch anfangs durch die Crowd ermöglichte Werke ihren Platz in größeren Räumen oder für weitere Vorstellungen selbst erarbeiten – also künstlerisch und handwerklich hochwertig sein und entsprechenden Publikumszuspruch finden.

Mit Marketing- und Presseprofis modern strukturierter Theater an der Seite können Crowdfunding-Projekte effektiver präsentiert werden als allein vom Künstler bzw. einer Künstlergruppe. Daher macht ihr ernsthaftes Einbinden in die Arbeit der öffentlichen Theater absolut Sinn – zentral gesteuert und großflächig vernetzt.

---

[24] Pressemitteilung European Commission - IP/13/906 03/10/2013.
 Brüssel, 3. Oktober 2013.

Tatsächliche Finanzierungslücken im Haushalt eines Theaters wird Crowdfunding nicht schließen. Gut kommunizierte und ansprechend präsentierte Crowdfunding-Projekte bringen eine minimale finanzielle Entlastung, aber in jedem Fall einen Imagegewinn – egal, ob das Fundingziel erreicht wurde oder nicht. Ob nur im Internet oder bestenfalls darüber hinaus – die Multiplikatoren der Crowd kommunizieren über das Thema Theater. Das ist ein zusätzlicher Gewinn, der mit keiner Werbekampagne erreicht werden kann.

Crowdfunding als ein Bereich von Social-Media-Aktivitäten richtet sich – wie auch das Streamen von Vorstellungen – im Wesentlichen an die Internetgemeinde. Diese ist groß, wächst stetig und hat einen zunehmenden Einfluss auf die Gesamtgesellschaft. Bei den Bemühungen um mehr bzw. das richtige Publikum geht es keineswegs um das Ausspielen von Internetusern oder Popkultur gegen die sogenannte Hochkultur. Das Problem mit der vermeintlichen *Hoch*kultur ist die im Wesentlichen auf den deutschen Sprachraum beschränkte Annahme, es gäbe tatsächlich eine Kultur für Menschen, die sich für distinguierter halten als andere. Einbeziehung, Weiterentwicklung, Vermischung und, wo nötig, Förderung sämtlicher kultureller Strömungen wird immer Teil einer subventionierten, vernetzten und differenziert ausgerichteten Theaterarbeit sein müssen. Das Internet ist im 21. Jahrhundert unweigerlich ein Teil davon.

Investment und gesellschaftliche Rendite

Lustige Person:

Lasst uns auch so ein Schauspiel geben!
Greift nur hinein ins volle Menschenleben!

Deutsche Staats-, Stadt- oder Landestheater bleiben weit zurück hinter den Möglichkeiten, die die öffentliche Förderung bietet – qualitativ, inhaltlich und bei der Distribution des Mediums Theater innerhalb der Gesellschaft. Es ist trotzdem wünschenswert, die Investitionen in Theater weiter aufzustocken – allerdings nicht, um damit lediglich ein leistungsschwaches System zu alimentieren. Der *Genossenschaft Deutscher Bühnenangehöriger (GDBA)* schwebt so eine simple Lösung vor: *„Die GDBA tritt [...] dafür ein, die Finanzierung der Theater als öffentliche Pflichtaufgabe auszuweisen. Nur so kann die Theaterlandschaft der Bundesrepublik Deutschland, ohne weiteren Schaden zu nehmen, erhalten bleiben."*[25]
Die Ansätze dieses Buches stehen derartigen Fantasien entschieden entgegen. Hochwertige Theaterarbeit zu finanzieren, soll keine lästige Pflicht sein, sondern eine sinnvolle, freiwillige Investition in den Standort.

Mit dem bekannten Zitat von Joachim Ringelnatz *„Sie haben mich nicht nur nicht eingeladen, ich wäre auch nicht gekommen"* lässt sich das Desinteresse großer Bevölkerungsgruppen am subventionierten Theater umschreiben.
Für die Theater ist es nicht ausschlaggebend, noch mehr vermeintliche Kunst für eine elitäre Gruppe zu produzieren, sondern hochwertig produziertes Theater möglichst vielen Menschen zugänglich zu machen. Ein elitärer Status von Theatern gehört der Vergangenheit an. Sie haben einen enormen Bedeu-

---

[25] URL: www.buehnengenossenschaft.de, Stand: 12.05.2014

tungsschwund innerhalb der Gesellschaft erlebt und sind nicht mehr kultureller Hauptanbieter. Was um die öffentlichen Bühnen herum von kommerziellen und privaten Anbietern sowie Amateurbühnen geboten wird, gilt in der Bevölkerung nicht mehr grundsätzlich als qualitativ zweitklassig.

Subventionieren heißt, dass die Solidargemeinschaft Kulturschaffende beauftragt, gutes Theater zu machen. Vor der Bundestagswahl im September 2013 konnte man in Parteiprogrammen und Statements erfahren, was da genau geleistet werden soll. Theater sollen gesellschaftlicher Stein des Anstoßes sein, Fremdenfeindlichkeit bekämpfen, das Wertesystem weiterentwickeln und festigen, Demokratisierung fördern, Lebensqualität fördern, neue Sichtweisen auf die Welt eröffnen, soziale Barrieren abbauen, differenziertes Zuhören vermitteln und den Frieden sichern. Multikulturelle Ensembles und fremdsprachige Werke sollen das Übrige dazutun. Zudem wird von öffentlich subventionierten Kultureinrichtungen erwartet, dass ihr attraktives und breit gefächertes Angebot regionale oder nationale Standortvorteile schafft, für wirtschaftliches Wachstum sorgt und Stadt oder Region aufwertet.

Theoretisch kann Theater das alles. Der Evolutionswissenschaftler Thomas Junker bestätigt, dass die Künste *„der emotionalen Entfremdung und dem Zerbrechen der Gemeinschaft entgegenwirken. Die Künste bilden sozusagen den emotionalen Kitt menschlicher Gruppen. Und nicht zuletzt dienen die Künste der Kommunikation.“*[26]

Um praktisch solch einen Beitrag zu leisten, brauchen Theater in der Tat Geld – aber primär ein relevantes Publikum. Sonst rentiert sich keine gesellschaftliche Investition. Es muss gelingen, attraktives Theater zu machen: Theater, das sich vom Alltag unterscheidet, Theater, das sich von den Schlagzeilen der Presseagenturen abhebt, Theater, das anspricht, auf unterschiedlichste Weise Emotionen weckt und unterhält. Theater, das nicht nur soziale Barrieren abbaut, sondern ganz praktisch die physische Barrierefreiheit garantiert und inhaltliche Schwellenängste überwindet.

---

[26] Junker, Thomas: Kunst als Überlebensmittel – Die darwinistischen Aspekte der Kreativität. In: Manuskript SWR2 Aula vom 03.11.2013.

Das Potenzial, vieles für viele bieten zu können, sollte den subventionierten Theaterbetrieb im Wesentlichen unterscheiden vom kommerziellen Sektor, wo mit möglichst wenig das größtmögliche Besucherpotenzial ausgeschöpft wird. Wenn die Investitionen in öffentliche Theaterbetriebe tatsächlich etwas zu einer ausdifferenzierten Gesellschaft beitragen sollen, dann müssen die Arbeitsweise und der vermeintliche künstlerische Anspruch der Institutionen kritisch hinterfragt werden.

Der Staat soll sich nicht in Inhalt und Form der Kunst einmischen besagt Art. 5 Abs. 3 GG: *„Kunst und Wissenschaft, Forschung und Lehre sind frei."* Sobald aber öffentliches Geld für Theater als Kunstform ausgegeben wird, ist die Politik legitimiert, die Rahmenbedingungen dafür zu definieren. Innerhalb dieses Rahmens kann sich Theater frei entfalten, allerdings nicht wirklichkeitsfern experimentieren. Bei anhaltenden Fehlplanungen und mangelnder Akzeptanz muss ein reales Existenzrisiko der geförderten Einrichtungen zur Schließung von Institutionen führen. Alles andere bremst Innovationen, Eigeninitiative und kulturelles Unternehmertum. Eine Vielfalt von halb leeren oder zu selten genutzten Sälen nutzt niemandem.

Neben dem unbestrittenen immateriellen Nutzen von Kunst und Theater ergibt sich zudem ein wirtschaftlicher Sekundärnutzen innerhalb und außerhalb des Theaters: die Umwegrentabilität von Kunst und Kultur. Theater sollte von der öffentlichen Hand um der Kunst willen gefördert werden – allerdings mit dem Anspruch, dass diese Förderung auch ankommt, also konsumiert wird. Im Falle von Theatern sollte dies zu vollen Sälen und ausgelasteten Häusern führen – was wiederum der wirtschaftlichen Umwegrentabilität zugutekommt. Die Effektivität und der Sekundärnutzen von Kultursubventionen werden umso höher, je mehr Kultureinrichtungen vernetzt sind oder sogar räumlich verbunden zusammenarbeiten.

Dann können die Investitionen in Theater letztlich tatsächlich zum Standortvorteil beitragen.

Mehr unternehmerische Freiheit und betriebliche Selbstständigkeit sollten das Theater der Zukunft prägen. Ein reales Existenzrisiko garantiert Innovationen und den respektvollen Umgang mit den Gästen. Unumstritten ist, dass es nie möglich sein wird, lebendige und hochwertige Kulturarbeit nahe der Schwelle zur Eigenwirtschaftlichkeit zu betreiben. Subventionen werden neben der Publikumsakzeptanz immer die Lebensversicherung für hochwertiges Theater bleiben.

Die Arbeit der Theater darf gleichzeitig aber nicht durch zu billige Tickets abgewertet werden. Subventionen bieten den Rahmen dafür, dass innovativen Ideen innerhalb eines öffentlich geförderten Theaterbetriebs ausreichend Produktionsressourcen geboten werden können. Reguläre Ticketpreise müssen dennoch in Relation zu dem gebotenen künstlerischen Produkt stehen. Künstler und Personal leisten professionelle Arbeit, die Respekt verdient. Stimmen Image und Produkt, muss über angemessene Preise gesprochen werden. Der Irrglaube, wenn die Tickets nur billig genug wären, kämen auch mehr Menschen, ist fatal. Gäste kommen, wenn das Gebotene für sie interessant genug ist. Theater ist – wird es richtig gemacht – etwas wert. Ein positives Image und eine hohe Wertigkeit sind zudem ein Anreiz für Sponsorleistungen.

Selbstverständlich muss es an subventionierten Häusern weiterhin ein unbürokratisches System für ermäßigte Tickets für Menschen mit geringem Einkommen geben – also eine gesteuerte, sinnvolle Vermischung von Kultur-, Bildungs- und Sozialpolitik. Mittlerorganisationen wie z. B. die *Kulturloge Berlin*[27] leisten schon jetzt einen wichtigen Betrag dazu. Verstärkte Anstrengungen der Politik zur ressortübergreifenden Vernetzung könnte eine effektive Mittelverwendung und somit die *gesellschaftliche Rendite* weiter steigern.

In Diskussionen über öffentliche Kulturhaushalte driften immer öfter die Standpunkte stark auseinander. Die einen bezeichnen Kultur als Belastung öffentlicher Haushalte, die anderen verweisen auf ihren unverzichtbaren gesellschaftlichen Nutzen – erachten sie also als sinnvolle Investition.

---

[27] Vgl.: www.kulturloge-berlin.de

Beide Standpunkte sind richtig: Theater können einen unverzichtbaren gesellschaftlichen Nutzen bieten. Stecken sie allerdings in Inhaltskrisen und veralteten Strukturen fest, sind sie vor allem eine Belastung öffentlicher Haushalte.

Fakt ist, dass Kultursubventionen nur einen verschwindend kleinen Teil des Gesamthaushaltes darstellen. Selbst eine vollständige Kürzung wäre zu unscheinbar, um öffentliche Haushalte zu sanieren. Kultursubventionen gehören zu den wenigen Posten, über die Politiker tatsächlich noch mehr oder weniger frei entscheiden können. Der Großteil des Haushaltes ist durch gesetzliche oder langfristige Verpflichtungen gebunden. Daher ist es für Politiker wiederum interessant, mit den wenigen tatsächlich in ihrem Machtbereich verbliebenen Mitteln einen optimalen Effekt in der Wählerschaft zu erziehen.

Die Schuldenbremse wird kommen. Sind andere Mittel nicht zugänglich, werden selbstverständlich auch die freiwilligen Ausgaben der Kulturhaushalte angetastet.

Verschafft sich das Theater nicht eine größere Lobby in der Gesellschaft und organisiert es sich nicht in leistungsfähigen Strukturen, gibt es wenig Argumente gegen eine Kürzung der Subventionen.

Publikum? Gefällt mir!

Lustige Person:

So braucht sie denn, die schönen Kräfte
Und treibt die dichtrischen Geschäfte
Wie man ein Liebesabenteuer treibt.

Der damalige Bundespräsident Roman Herzog sagte 1996 beim 150. Jubiläum des Deutschen Bühnenvereins: *„Theater dienen der Kunst. Aber sie sind eben auch Dienstleistungsbetriebe. Obwohl sich manches gebessert hat, ist der Service für die Kundschaft freilich oft noch vorsintflutlich. Da muss sich noch viel ändern. Karten zu ordern muss einem leicht gemacht werden. Man muss ohne strategischen Aufwand an sie kommen können, rund um die Uhr, von überall her. [...] Die Garderoben sind manchmal ein Fiasko, die Anfangszeiten zumindest überdenkenswürdig. [...]. Schließtage sind fragwürdig. Schließtage sämtlicher Theater und Museen an einem Ort am gleichen Tag grotesker Unfug. Müssen die Häuser wirklich im Sommer alle zwei Monate lang zusperren? Und warum betreiben die meist zentral gelegenen Häuser keine durchgängig geöffneten Restaurants und Cafés, in denen Leben auch außerhalb der Spielstunden stattfinden kann? [...] Überhaupt benötigen sie noch sehr viel effizienteres Marketing. [...] Es geht darum, dass die Bevölkerung in einer Stadt sich permanent und fest mit ihrem Theater identifiziert. Es muss prononciert ,ihres' sein, genauso wie ,ihr' Fußballclub. Dazu muss man die Spielstätten systematisch zu einem als solchen empfundenen Mittelpunkt im Leben der Bürger machen. [...] Das kommt nicht von selbst. Dafür muss man etwas tun.“*[28]

---

[28] Rede des damaligen Bundespräsidenten Roman Herzog zum 150. Jubiläum des Deutschen Bühnenvereins am 31. Mai 1996 in Oldenburg. In: Bulletin Nr. 46, Bonn 10.06.1996 (Presse- und Informationsamt der Bundesregierung), S. 496.

Das hat seitdem nichts an Aktualität verloren. Bisher war der Mut zu spürbaren Reformen hin zum *Dienstleistungsbetrieb* und zum *Mittelpunkt im Leben der Bürger* noch nicht vorhanden. Die organisatorische und künstlerische Weiterentwicklung der subventionierten Kulturorganisationen geht, wenn überhaupt, nur schleppend voran. Die Kulturwissenschaftlerin Birgit Mandel diagnostiziert in ihrem Buch *Interkulturelles Audience Development* u. a.: *„Bislang erreichen öffentlich geförderte Kultureinrichtungen nur einen sehr kleinen Ausschnitt der Bevölkerung [...] Es ist kaum möglich, neues, anderes Publikum für ‚alte‘ Programme zu bekommen.“*[29]

Gut gemachtes Theater – oder anders gesagt: gut gemachte Live Performance jeder Art – kann einen wichtigen gesellschaftlichen Stellenwert entwickeln, wenn die *Staubschicht* der öffentlichen Theaterinstitutionen konsequent beseitigt wird.

Eine erhöhte Investition in die Vermarktung bzw. die Professionalisierung bisheriger Strukturen ist nötig, um die Präsenz von Theater zu untermauern, aber vor allem, um differenziert in den unterschiedlichen Publikumsschichten werben zu können. Ihrem Auftraggeber, der Gesellschaft, sind die öffentlichen Theaterorganisationen schuldig, offensiv zu zeigen, was mit dem zur Verfügung gestellten Geld geschieht.

Theater muss sich für die modernen Arbeitsweisen der Kundenakquise und Kundenbindung, kurz: für die modernen Methoden eines CRM, deutlich weiter öffnen. Es geht darum, das Identifikationspotenzial mit Theater zu schärfen bzw. überhaupt zu entwickeln. Dazu gehören neben permanentem Publikumskontakt, u. a. über Social-Media-Kanäle, Crowdfunding-Projekte und professionell aufbereitete Streaming-Angebote, die Erhebung und Auswertung aller verfügbaren Daten, die im Kontakt mit dem tatsächlichen oder potenziellen Publikum verfügbar sind. Anders lassen sich die Publikumsschichten nicht differenzieren.

Dazu ist mehr nötig als die Bestimmung von Alter und Geschlecht. Es braucht ein standardisiertes, großflächig vernetztes Reportingsystem aller Mitarbeiter, die in Kundenkontakt kommen, egal ob beim Ticketkauf, an der Garderobe, den Saaltüren

---

[29] Mandel, Birgit: In: Pressemitteilung der Universität Hildesheim vom 21.09.2013 zum Buch *Interkulturelles Audience Development*.

oder im Gastrobereich. Es genügt nicht, sich alle paar Wochen mit den Mitarbeitern hinzusetzen und über begeisterte, wütende oder enttäuschte Gäste zu sprechen. Ein IT-gestütztes Reportingsystem sollte möglichst zeitnah am Gästekontakt, idealerweise ein Mal pro Aufführung, mit Informationen gespeist werden. Dazu kommen regelmäßige Besucherbefragungen und die Nutzung aller Informationen, die im Netz und beim Ticketkauf ermittelt werden können.

Aus den Daten einzelner Häuser, aber vor allem aus den gebündelten Daten aller Theater lassen sich differenzierte Informationen extrahieren: Wer kauft wo, wann, warum Tickets? Was sind die wichtigsten Werbe- und Informationsträger, was die finalen Impulse, die letztendlich den Kauf auslösen? Marketinginstrumente und -strategien bieten extrem vielfältige Ansätze. Je mehr und je bessere Daten die Grundlage bilden, umso größer ihr Erfolg, wenn daraus eine differenzierte Kommunikation in adäquate Kanäle entsteht.

Menschen, die bislang keine Theatergänger sind, können so innerhalb ihres gesellschaftlichen Umfeldes, in ihrer Sprache und Ästhetik angesprochen werden. Vorurteile, Theater sei zu intellektuell, altmodisch, langweilig und anstrengend – die in der aktuellen Struktur öffentlicher Häuser noch oft berechtigt sind –, lassen sich mit der richtigen Kommunikation deutlich effektiver ausräumen.

Außenstehende Agenturen bemühen sich, ihren Kunden an öffentlichen Häusern verschiedenste PR-Konzepte zu verkaufen. Auch eine Art Verschwendung öffentlicher Gelder. Die öffentlichen Theater stehen in keinerlei wirtschaftlicher Konkurrenz zueinander, noch unterscheiden sie sich auffällig in dem wesentlichen Ziel, Besucher zu akquirieren, um Inhalte zu kommunizieren. Einzelne Häuser oder nur kleine Verbünde zu beraten, macht daher wenig Sinn für den Gesamterfolg des Kulturauftrages. Theater brauchen in der Gesamtheit der Branche eine eigene, starke, gut vernetzte Marketing-, Presse- und Vertriebsstruktur, damit Bedürfnisse des Publikums frühzeitig erkannt und keine Trends verschlafen werden.

Eine wirklich differenzierte Kommunikation in unterschiedliche Gesellschaftsschichten ist bislang nicht zu erleben. Es gibt Spielplanshows, Spielplanfestivals, Spielstättentouren oder buchdicke Spielplanhefte. Für sich genommen gute Instrumente. Aber es wird *der* Spielplan beworben – ein tatsächlich differenziertes Bewerben verschiedener Inhalte bleibt überschaubar.

Bei allen Anstrengungen der modernen Publikumsakquise darf eine weitere wichtige Grundlage der Kulturpolitik nicht außer Acht gelassen werden: Bildungspolitik in Kooperation mit Theaterpädagogik ist eine wichtige Säule der Öffentlichkeitsarbeit.

Kulturangebote sind wichtig für das gesellschaftliche Leben. Noch wichtiger ist ein grundsätzlich gutes Bildungsniveau. Beispielsweise wäre das Geld für manchen zusätzlichen städtischen Mehrzweck-Veranstaltungsraum – und die daraus zwangsläufig resultierenden Quersubventionen kommerzieller Anbieter mit niedrigem Qualitätsanspruch – manchmal in den Schulen besser aufgehoben.

Kultur darf jedoch nicht warten, bis ihr hochgebildete Konsumenten angeliefert werden. Birgit Mandel schreibt dazu: *„Man muss [...] auch die Programme in Auseinandersetzung mit neuen Akteuren und Nutzern verändern, um relevant zu werden für ein vielfältigeres Publikum. Kooperationen mit verschiedenen Partnern jenseits des Kultursektors können wesentlich dazu beitragen, Menschen aus bislang nicht kunstaffinen Milieus zu erreichen und zu involvieren. [...] Der in angelsächsischen Ländern geprägte Begriff des ‚Audience Development‘ bezeichnet eine ganzheitliche Strategie mit Maßnahmen der Kommunikation, dem Vertrieb, dem Service, der Preispolitik. Ziel ist, neues Publikum zu gewinnen und zu binden. [...] Nur dann, wenn Kulturinstitutionen bereit sind, sich als Ganzes, einschließlich ihrer Programme, gemeinsam mit neuen Nutzern zu verändern, gelingt es, neues Publikum zu gewinnen.“*[30]

---

[30] Mandel, Birgit: In: Pressemitteilung der Universität Hildesheim vom 21.09.2013 zum Buch *Interkulturelles Audience Development*.

Wer am Theater Inhalte kommunizieren will, braucht dafür Publikum. Publikum muss man sich erarbeiten. Im Januar 2014 veranstalteten das Institut für Kulturpolitik der Stiftung Universität Hildesheim und die Kulturloge Berlin in Kooperation mit weiteren kulturpolitischen Einrichtungen die sogenannte Fachtagung *Mind the gap!* über *Zugangsbarrieren zu kulturellen Angeboten und Konzeptionen niedrigschwelliger Kulturvermittlung.* Dabei ging es um die Frage, wie Barrieren der Nutzung sogenannter hochkultureller Angebote abgebaut werden können. Diese Diskussion wirkt nicht nur arrogant, sie geht auch von einem falschen bzw. unvollständigen Ansatz aus. Es geht eben gerade nicht darum, zu missionieren und vermeintlichen Kunstbanausen die bisherigen Programme und Ansätze niederschwellig zu vermittelten, sondern es geht um Veränderung seitens der Theater. Ansprechende, differenzierte Vermittlung und Vermarktung sind dabei nur wichtige Teilaspekte. Wichtiger ist, dass sich die Theater innerhalb der Gesellschaft inhaltlich und strukturell neu positionieren.

Trotz eines gemeinsamen Auftrages für die Gesellschaft bilden die subventionierten Theater bisher keine nennenswerte Allianz und organisieren sich großteils individuell. Das ist nicht nur teuer, sondern auch ungeschickt.

Es bedarf eines bundesweiten Zentrums für grundlegende administrative Tätigkeiten aller öffentlich getragenen Theater. Dieses Zentrum könnte u. a. IT-gestützte Standardvorgänge sowie Marketing- und Vertriebsaktivitäten bündeln. Dazu gehört alles, was bisher in jeweils fast identischer Form von den einzelnen Theatern geleistet – und bezahlt – werden muss. Neben Datenpflege und Datenverwaltung kann dieses Zentrum zentrale Dienstleistungen für Vertrieb und Vermarktung erbringen, die der gesamten Theaterlandschaft ein stärkeres gemeinschaftliches Auftreten verschaffen. Die Datenbasis für CRM-Aktivitäten könnte durch die Gemeinschaft vieler Theater erheblich verbessert werden. Gleiches gilt für die Möglichkeiten des *Best Practice Transfers* – also das permanente Übertragen und Abgleichen von künstlerisch, organisatorisch und wirtschaftlich erfolgversprechenden Vorgängen innerhalb der gesamten Branche.

50

Unter anderem in der Peripherie der Theater gibt es Verbesserungsansätze: Die Anzahl der auf dem Markt befindlichen Ticketsysteme ist groß – genauso wie die vielen dezentralen Einzellösungen der Theaterbetriebe. Die Kosten für diese Systeme variieren und tragen teilweise erheblich zum Gesamtpreis des Tickets bei. Einnahmen, die den Theatern entgehen. So profitieren private Ticketanbieter von öffentlichen Subventionen. Würde sich die deutsche Theaterlandschaft als zentral koordinierte Branche für ein bundesweit einheitliches System entscheiden, könnte sie die Kosten pro Ticket minimieren.

Weiter könnte ein gemeinsames Callcenter mit spezialisierten, theateraffinen Verkaufsprofis über ein einheitliches Ticketsystem einen Großteil der bundesweiten telefonischen Anfragen und Kartenbestellungen bearbeiten, ohne dass die einzelnen Theater dies in ihrer Personalplanung berücksichtigen müssten.

Manche Theaterkassen sind gut im Foyer versteckt. Oft ist von außen nicht auf den ersten Blick erkennbar, ob sie geöffnet haben. Dadurch sind sie tagsüber schwach frequentiert – auch weil die Theater meist nicht räumlich im öffentlichen Leben integriert sind. Man muss unbedingt ein Ticket wollen, um die Theaterkassen tatsächlich zu (be)suchen. Theater sollte sich nicht verstecken. Eine Theaterkasse muss als großes Aushängeschild mitten hinein ins städtische Leben – also in manchen Fällen separat vom Theater in die frequentierte Stadtmitte. Schon von Weiten muss der Gast – auch wenn er nur daran vorbeischlendern wollte – angezogen werden. Baulich und gestalterisch muss solch eine Informations- und Verkaufsstelle gastlich, offen und interessant wirken. Kooperationen mit anderen kulturnahen Betrieben können das unterstützen.

Auch die Art einer Theaterkasse ist entscheidend. Ein nur kleiner, dunkler Raum mit Schalterfenster und einem ausgehängten Spielplan wird dem heutigen Gast nicht die Informationen bieten, die er sucht, bzw. keine Kaufanreize auslösen. Eine Theaterkasse muss vielmehr zum Informations- und Kommunikationszentrum werden: mit Bildern, Videos, Kritiken und vor allem gut geschultem Verkaufspersonal, das aktiv auf Besucher zugeht. Ist der Wunsch, das Interesse oder auch nur die vage Überlegung, ins Theater zu gehen, grundsätzlich vorhanden, dann kann es auch gelingen, ein Ticket zu verkaufen. Kein potenzieller Gast soll verloren gehen.

Sollte es nicht möglich sein, diese aktive Kundenansprache an der Theaterkasse zu realisieren – z. B. weil das Theater außerhalb der frequentierten Innenstadt liegt, dann muss zusätzlich mitten im städtischen Leben der perfekte Hotspot für eine direkte Publikumsansprache und den Ticketverkauf gefunden werden. Wenn Institutionen und Systeme ohnehin vernetzt sind, reicht eine Anlaufstelle für die kooperierenden Theater. In Gebieten, in denen eine geringe Passantendichte einen eigenen Hotspot nicht rechtfertigt, ist – wie überall anders auch – die Zusammenarbeit z. B. mit Touristeninformationen natürlich nach wie vor Bestandteil des Marketing- und Vertriebswesens.

Aber nicht nur eine Theaterkasse vor Ort kann die Presse-, Marketing- und Vertriebsanstrengungen unterstützen, auch im Bereich Social Media liegt Potenzial, wenn man es richtig nutzt und täglich pflegt. Hier kann eine zentrale Stelle ebenfalls wichtige Arbeit leisten: Die Entwicklung, Implementierung und Pflege von wirkungsvollen IT-Tools muss nicht jedes Theater selbst bezahlen und verantworten. Websites können nach wie vor mit individuellen Gestaltungselementen des einzelnen Theaters hinterlegt sein, während ansonsten vereinheitlichte Strukturen implementiert werden. Zentral entwickelte und gepflegte Tools, wie z. B. ein auch für Mobilgeräte taugliches Website-Template, der Online-Vorverkauf, ein Vorschlags- und Entscheidungswesen für Crowdfunding oder Social-Media-Auftritte, entlasten die einzelnen Theater. Individuelle Inhalte werden dabei weiterhin von Mitarbeitern vor Ort per *Content Management System (CMS)* eingepflegt.

Zu den digitalen Herausforderungen für zeitgemäße und vielfältige Publikumsansprache zählen auch attraktive Internet-Streaming-Angebote. Prominentes Beispiel für das erfolgreiche Streamen von Bühnenaufführungen ist die New Yorker Metropolitan Opera mit ihren weltweiten Übertragungen in Kinosäle.

Bisher experimentieren wenige öffentliche Theater individuell und mit unterschiedlichen Qualitätsstandards mit Streaming-Angeboten. Eine zentrale Koordination birgt auch hier Vorteile. Um die künstlerische Arbeit auf der Bühne durch das Streamen nicht zunichtezumachen, braucht es einerseits professionelle Technik und andererseits Fachleute, die in der Lage sind, ein Theatererlebnis authentisch mit der Kamera einzufangen. Da die Theaterdichte bezogen auf die Fläche in Deutschland sehr hoch ist, würden wenige regional stationierte, professionell ausgestattete Teams ausreichen, um verschiedene Produktionen in ihrem Einzugsgebiet hochwertig zu übertragen.

Das Angebot sämtlicher Streams aus öffentlichen Theatern könnte eine bundesweite Stelle am effektivsten koordinieren und präsentieren. Würde solch eine zentrale Stelle ohnehin die Website-Templates sämtlicher Theater verwalteten, wären sowohl der individuelle Bezug zum jeweiligen Haus als auch die Zusammenführung auf einer bundeseinheitlichen *Theater-Streaming-Plattform* gegeben. Es entstünde ein zentral koordinierter, hochwertiger *Internet-Streaming-Spielplan* aus allen Regionen des Landes. Zusätzlich würde eine Mediathek aufgebaut, die die Vorstellungen auch nach dem Aufführungstermin noch mehrere Tage zur Verfügung stellen könnte, um eine noch breitere Publikumsschicht anzusprechen oder intensivere Diskussionen über Kritiken zu ermöglichen. Solch eine Dokumentation auf hohem Niveau würde ferner den *Best Practice Transfer* innerhalb der Branche begünstigen.

Intensive digitale Vernetzung ist im 21. Jahrhundert selbstverständlicher Bestandteil des gesellschaftlichen Lebens. Wenn Theater sich nicht aktiv in dieses Netzwerk integrieren, werden sie als analoges, lokal abgeschottetes Auslaufmodell für das gesellschaftliche Leben zunehmend irrelevant. Die Theaterarbeit gewinnt an Bedeutung durch das virtuelle Öffnen der Theatertüren für all jene, die es aus zeitlichen, räumlichen oder sonstigen Gründen nicht in eine Aufführung schaffen, bzw. für diejenigen, die einer Aufführung überhaupt nur Aufmerksamkeit schenken, weil sie diese ganz oder in Teilen ungezwungen vor dem Bildschirm erleben können. Dass dadurch Zuschauer im Theatersaal verloren gehen, ist unwahrscheinlich. Vielmehr ist zu erwarten, dass das gesellschaftliche Bedürfnis, manche Aufführungen real und in Gemeinschaft mit anderen zu sehen, ansteigt.

In Österreich wurden bereits erste Schritte zur Vernetzung von Institutionen unternommen. Die daraus entstandene NÖ Kulturwirtschaft GmbH vereine eine *„Vielzahl von künstlerischen und wissenschaftlichen Aktivitäten in den Bereichen Musik, Tanz, Theater, Bildende Kunst, Archäologie, Geschichte, Natur und Landeskunde"*[31]. Die Enquete-Kommission ergänzt, *„Die Kulturwirtschaft GmbH bündelt und vermarktet die Angebote der Kultureinrichtungen. Dieses im deutschsprachigen Raum einmalige Modell setzt auf künstlerische und kaufmännische Synergieeffekte, indem es als eine Art Dienstleistungsunternehmen für die angeschlossenen Kulturbetriebe fungiert und eine landesweite Kooperation der einzelnen Kultureinrichtungen ermöglicht."*[32]

Für Deutschland müsste dieses Modell deutlich erweitert werden und sich auf die Administration der rund 140 öffentlichen Theaterorganisationen fokussieren. Kulturpolitik ist Sache der Länder und Kommunen. Allerdings ist der Bund in der Lage und in der Pflicht, über die Bundesgesetzgebung positive Rahmenbedingungen zu schaffen und gleichzeitig Projekte von nationaler Bedeutung zu fördern. Die Förderung von Ressourcenbündelung im administrativen Bereich der Theaterorganisationen wäre solch ein Projekt: beispielsweise die Gründung einer *Theater Deutschland gGmbH – Zentrale für IT-gestütztes Theatermanagement.*

Derartige nationale Rahmenbedingungen für effektive Zusammenarbeit sollten verbindliche Kriterien für öffentlich geförderte Theaterarbeit werden. Da jedes Haus mit einer selbstständig arbeitenden Kreativdirektion besetzt bleibt, ist das föderalistische Prinzip im Bereich der Kunst gewahrt.

Durch administrative Vereinheitlichungen werden individuelle Lösungen und persönlicher Handlungsspielraum teilweise eingeschränkt. Dies geschieht in Bereichen, die ohnehin für die Theaterarbeit nur periphere Mittel zum Zweck sind und keinen direkten Einfluss auf die künstlerische Arbeit haben. Dazu gehören beispielsweise die Verwaltung des Online- und Social-Media-Auftrittes, das Ticketsystem, Datenbanken zur Auswer-

---

[31] URL: www.noeku.at, Stand: 11.11.2013.

[32] Deutscher Bundestag (Hg.), Drucksache 16/7000: *Schlussbericht der Enquete-Kommission „Kultur in Deutschland",* Berlin 2007, S. 95.

tung von Kunden- und Vertriebsdaten, CRM-Konzepte oder ein einheitliches Feedbackmanagement. Die Vorteile der langfristigen finanziellen Entlastung sowie der entstehenden breiten Datenbasis wiegen die vermeintlichen Einschränkungen bei Weitem auf.

Gelingt die Schaffung solch einer übergeordneten theaterspezifischen Servicestelle, könnten auch private oder freie Bühnen zu entsprechenden Konditionen diesen Service nutzen. Beide Seiten profitieren.

Eine *Staatsministerin für Kultur und Medien* könnte als Partnerin der Länder diese und andere Forderungen genauso gut umsetzen wie ein vom Deutschen Kulturrat gefordertes *Bundeskulturministerium*. Der aufgeblähte bürokratische Apparat eines Bundeskulturministeriums würde nicht zur Erneuerung der dringend reformbedürftigen deutschen Theaterlandschaft beitragen.

Mehr Geld in bestehende Strukturen zu pumpen und ansonsten alles zu belassen wie es ist, ist nicht die Lösung. Solches *Zeit-Kaufen* kann das aktuelle System im besten Falle noch eine Weile länger vor dem finalen Absturz bewahren. Wirklich langfristig sichern können es nur moderne Strukturen mit alternativen Ansätzen.

Konkurrenz wenn nötig, Kooperation wenn möglich

Direktor:

*So schreitet in dem engen Bretterhaus
Den ganzen Kreis der Schöpfung aus*

Es erscheint überheblich, wenn vermeintlich *echte* Künstler von einer technisch hochgerüsteten Musicalindustrie sprechen. Diese Industrie hat in der Tat nur ein Ziel: Geld verdienen. Das verheimlicht niemand und dagegen ist nichts einzuwenden. Dadurch entstehen neue Theatergebäude, bestehende werden erhalten. Der Service am Gast ist vorbildlich, das Marketing effektiv. Die handwerkliche Qualität der Umsetzung und das Qualitätsmanagement sind perfekt. Ohne Inhalt oder künstlerischen Anspruch zu bewerten, gibt es für die subventionierten Theater etwas Wesentliches zu lernen: Perfektion in allen Bereichen ist einer der Schlüssel zum Erfolg.

Die Rede ist von den wenigen Leuchttürmen dieser Industrie, nicht von zahllosen Trittbrettfahrern. In Deutschland wurden manche Musicalproduktionen in den Metropolen reproduziert, die Quellen dieser Industrie sind aber noch überwiegend im Ausland beheimatet.

Sollen die subventionierten Theater in Konkurrenz mit großen Musicaltheatern treten und sich deren Arbeitsweise aneignen? Konkurrenz ist weder möglich noch gewollt, nicht einmal sinnvoll. Die Arbeitsweise zu übernehmen, wäre dagegen teils durchaus erstrebenswert.

Kommerzielle Musiktheater können auf dem angesprochenen hochwertigen Level nur dann arbeiten, wenn sie über Häuser mit rund 1.500 Plätzen verfügen und ca. 400 Shows pro Jahr spielen. Das ist eine Zielsetzung, die vom öffentlichen Kulturauftrag und dessen Möglichkeiten deutlich abweicht.

Alles, was im kommerziellen Bereich in kleineren als den genannten Dimensionen produziert wird, macht Abstriche an der Qualität. Das gipfelt in überteuerten, qualitativ schlechten Tourproduktionen durch städtische Mehrzweckhallen. Dem haben die subventionierten Theater durchaus etwas entgegenzusetzen. Auch wenn ungern von Konkurrenz im wirtschaftlichen Sinne gesprochen wird, eine Konkurrenz um die Freizeit und Aufmerksamkeit der theateraffinen Besucherschichten ist es allemal.

Die wenigen hochwertigen, großen kommerziellen Häuser sind keine Konkurrenz für subventionierte Institutionen. Im Gegenteil, sie senken mit handwerklich gut gemachten Produktionen die Hemmschwelle für weitere Theaterbesuche – auch wenn die Metapher der Einstiegsdroge zu weit gehen würde.

Aus künstlerischer Sicht sind auch alle anderen kommerziellen (Tour-)Produktionen keine Konkurrenz. Aber hier müssten öffentliche Institutionen aufschrecken: Besucher dieser Produktionen sind für sie oft langfristig verloren. Subventionierte Institutionen sollten dieses *Grundrauschen* potenzieller Besucherströme in die öffentlichen Häuser umleiten. Dabei geht es nicht um wirtschaftliches Konkurrenzdenken, aber um den festen Willen, den öffentlichen Kulturauftrag perfekt auszuführen, ohne Besucherpotenzial aufzugeben oder durch entsprechend eigenwillige Programmatik bewusst zu verlieren.

Die optimierte Arbeitsweise in einem Repertoire-Block-Ensuite-System bietet viel zusätzliche Kapazität in einem bestehenden Theater. Dadurch kann die Notwendigkeit zusätzlicher Veranstaltungsorte verringert werden und gute Tourneeproduktionen aller Anbieter können ebenfalls in Theatern stattfinden – ausgesucht durch die künstlerischen Profis des jeweiligen Hauses.

Wenn sich die subventionierten Theater besser organisieren, vernetzen und stärker auftreten, wächst auch der Druck auf die kleinen privaten Bühnen. Als kommerziell kann man deren Betrieb jedoch nicht bezeichnen. In aller Regel handelt es sich um leidenschaftliche Theatermacher mit eigenem, zur Arbeit der öffentlichen Häuser konträrem inhaltlichen Verständnis, die von ihrer Theaterarbeit mehr oder weniger überleben können.

Theoretisch stehen diese privaten Bühnen in direkter Konkurrenz zu den öffentlichen Theatern. Aufgrund der Subventionen kann aber kaum von fairen Wettbewerbsbedingungen gesprochen werden. Die privaten Bühnen füllen die Nischen, die ihnen die öffentlichen Häuser noch lassen. Werden die öffentlichen Institutionen durch Umstrukturierung leistungsfähiger, werden diese Nischen kleiner. Soweit Kooperationen möglich sind, sollten sie angestrebt werden.

„Die Enquete-Kommission empfiehlt den Ländern und Kommunen, durch entsprechende haushaltsrechtliche Vorgaben Kooperationen und Koproduktionen zwischen Stadt- und Staatstheatern sowie Freien Theatern zu ermöglichen.“[33]

Es gibt bereits eine individuelle Kooperations- und Gastspielpraxis einzelner Häuser – teilweise im internationalen Austausch, wie u. a. die *UTE – Union des Théâtres de l'Europe*[34] oder die *ETC – European Theatre Convention*[35] belegen. Bei bisherigen Kooperationen werden allerdings selten der Nutzen für die Gesellschaft oder die Wirtschaftlichkeit in den Fokus gerückt. Meist handelt es sich lediglich um einen künstlerischen Austausch, der innerhalb eines flächendeckenden *Best Practice Transfers* noch deutlich effektiver gestaltet werden könnte.

In einem reformierten Theatersystem muss es gezielt darum gehen, weniger, dafür aber hochwertiger produzierte Werke durch viele Aufführungen einer breiteren Publikumsschicht näherzubringen und dabei Ressourcen zu bündeln. Dabei muss sehr differenziert geprüft werden, wo sich tatsächlich künstlerische, qualitative und wirtschaftliche Vorteile ergeben. Zwei oder mehrere Spielstätten zur simplen Fusion zu zwingen und unter eine einheitliche Führung zu stellen, ist dabei nicht der richtige Weg. Dass sich Management-, Verwaltungs-, Vertriebs-, Presse- und Marketingstrukturen der Theater möglichst großflächig vernetzen und koordinieren sollten, steht jedoch außer Frage.

---

[33] Deutscher Bundestag (Hg.), Drucksache 16/7000: *Schlussbericht der Enquete-Kommission „Kultur in Deutschland"*, Berlin 2007, S. 116.

[34] URL: www.union-theatres-europe.eu (Stand: 01.03.14)

[35] URL: www.etc-cte.org (Stand: 01.03.14)

Jedes permanent bespielte Haus braucht seine eigenen, ortsansässigen Führungsstrukturen im Bereich Management und Kreativdirektion. Dies findet sich bereits im Bericht der Enquete-Kommission: *„Die Chance der Theater ist ihr Publikum, die reale Lebenssituation der jeweiligen Zuschauergruppe vor Ort. [...] Die dort vorgefundene mentale, kulturhistorische und soziale Situation wird jeweils sehr verschieden sein, sollte von den Theatermachern jedoch genau untersucht und für ihre Arbeit unbedingt beachtet werden.“*[36]

Nichtsdestotrotz sind die Möglichkeiten zu sinnvollen Fusionen vielfältig. Im künstlerischen Bereich können Kollektive wie Orchester, Ballett und Chor fusionieren, um in verschiedenen Häusern einer Region eingesetzt zu werden. Ob dies im Rahmen einer Dachorganisation der kooperierenden Häuser geschieht oder ob sich die Kollektive als eigenständige Organisationen verselbstständigen und gegenüber den Theatern als Dienstleister auftreten, bleibt im Einzelfall zu prüfen.

Gleiches gilt für Werkstätten oder Lagerlogistik. Beide Bereiche können durch den Block-Repertoire-Betrieb erheblich entlastet und durch Kooperationen und Fusionen noch weiter optimiert werden.

Gastspielbetrieb, also das Touren von Produktionen inklusive Ensemble und Technik, kann in guter Qualität nur funktionieren, wenn die Produktionen von Anfang an entsprechend geplant und umgesetzt werden. Von solchen Produktionen profitieren die reinen Bespielhäuser, die kein eigenes Programm produzieren, und ländliche Regionen mit theaterähnlichen Spielorten, die nicht die Publikumsdichte für einen eigenen Theaterbetrieb aufweisen.

Neben den regulären Gastspielen der Landesbühnen bieten Kooperationen auch Vorteile für permanent bespielte Häuser. Das Ziel ist dabei, eine Produktion an möglichst vielen Spielorten in ähnlicher Form zu zeigen, um mit aufwendig entwickelten kreativen Konzepten möglichst viele Menschen zu erreichen und so tatsächlich gesellschaftliche Statements verbreiten zu können.

---

[36] Deutscher Bundestag (Hg.), Drucksache 16/7000: *Schlussbericht der Enquete-Kommission „Kultur in Deutschland"*, Berlin 2007, S. 107.

Im modernisierten Repertoire-Block-Ensuite-Betrieb ist es ausgeschlossen, gesamte Produktionen von einem in ein anderes Haus zu transferieren. Da alle Häuser bezogen auf Raum und Ausstattung unterschiedlich sind, ist das auch aus Qualitätsgründen nicht sinnvoll.

Was materiell ausgetauscht werden kann, sind einzelne Bühnenbildelemente, die in jeweils unterschiedlichen Repertoire-Ensuite-Blöcken integriert werden. Dazu Kostüme, Masken, Perücken oder Requisiten. Künstlerisch können neben Text und Noten die kreativen Konzepte des Kreativteams ausgetauscht und jeweils an die unterschiedlichen lokalen Bedingungen angepasst werden.

Verschiedene Städte haben sich für ein reines *Bespieltheater* entschieden, in dem keine eigenen Produktionen erarbeitet werden und dessen Bühne für Gastbespielung zur Verfügung steht. Solche Räume sind auch Bausteine in einem funktionierenden System für die Distribution von Theater. Die Entscheidung dieser Städte, auf Investitionen in selbstständig produzierte Werke und alle damit verbundenen Ausgaben zu verzichten, zielt bereits auf eine Ressourcenbündelung innerhalb einer größeren Gemeinschaft ab. Allerdings sollten solche kommunalen Veranstaltungsräume ebenfalls von einem Leitungsteam betreut werden, das in der Lage ist, ein ausgewogenes und künstlerisch hochwertiges Programm zusammenzustellen, entsprechend zu bewerben und wichtige Erkenntnisse aus dem *Customer Relationship Management* in das angestrebte Netzwerk der modernisierten Theater-Szene einfließen zu lassen.

Initiativen wie der *Fonds Doppelpass*[37] der Kulturstiftung des Bundes sind weitere Ansätze, die Partnerschaften, Austausch von künstlerischem Personal, Gastspiele und Koproduktionen punktuell fördern sollen. Aber einzelne Projekte verpuffen im Gesamtkontext und sind für eine relevante Größe der Gesellschaft verloren, wenn Vernetzung und Kooperation nicht großflächiger als Standards festgeschrieben werden.

---

[37] Der Fonds Doppelpass unterstützt Kooperationen von freien Gruppen und festen Tanz- und Theaterhäusern.

Was in einer Region erfolgreich war, lässt sich oftmals in nur leicht veränderter Weise auch anderswo erfolgreich realisieren und im *Best Practice Transfer* übertragen, ohne dass der gesamte Entwicklungsaufwand erneut anfällt.

Viele Theater wären in der Lage regional zur Kumulation von Subventionen beizutragen, indem sie ihre Räumlichkeiten für Kooperationen öffnen. Das Potenzial ist bei entsprechend optimierter Spielplanung durch das Repertoire-Block-Ensuite-System sowohl für Bühne und Saal als auch für das Foyer enorm.

Schaut man genau hin, ist das Foyer den überwiegenden Teil des Tages nicht genutzt. Würde das Foyer mit seiner gesamten Infrastruktur inkl. Gastronomie, zusätzlich als Museum, als Plattform für die freie Kulturszene, für Buch- und Kunstläden, Kleinkunstauftritte oder beispielsweise die lokale Poetry-Slam-Szene genutzt, könnte im besten Fall auf die Finanzierung eines weiteren Gebäudes verzichtet werden.

Vor allem, und das sollte bei der Betrachtung von Subventionen oberste Maßgabe sein, würde ein Mehrwert für Menschen in der Stadt entstehen: Ein bislang tagsüber meist totes Theatergebäude würde leben, wäre immer offen und einladend. Verschiedene Publikumsschichten würden sich mischen und die kulturellen Produkte voneinander profitieren. Wer Subventionen zu vergeben hat, darf solche Kooperationen guten Gewissens fordern, ja erzwingen – sie sind im Sinne aller. Der Imagegewinn für das Theater als angesagte Location wäre enorm.

Raumkooperationen sind aber auch in anderen Räumen denkbar – z. B. wenn es kein spezielles Theatergebäude gibt oder anstehende Renovierungskosten eines bestehenden Hauses einen vertretbaren Rahmen zur Weiternutzung übersteigen. Handelt es sich nicht um einen historischen, unbedingt zu erhaltenden Theaterbau, kann es viele Gründe geben, die Theaterarbeit in anderen Räumen fortzuführen.

Museen und Kirchen können in solche Überlegungen einbezogen werden. Viele, vor allem historische Kirchenbauten eignen sich aufgrund ihrer Größe, Lage und räumlichen Atmosphäre gut als Theaterraum. Die oft von der öffentlichen Hand getragenen millionenschweren Kirchenbaulasten oder Dotationen sind zwar keine Subventionen, sollten aber durchaus als Türöffner dienen, um gemeinsam mit den kirchlichen Verantwortlichen Lösungen zu erarbeiten, wie Kirchenräume dauerhaft auch als Veranstaltungsräume für weltliches Theater zur Verfügung stehen könnten.

Kombiniert man Kultursubventionen mit den Kirchenbaulasten, könnten alle Beteiligten gewinnen: Die Infrastruktur der Kirche wird zusätzlich ausgebaut und somit der Bestand langfristig gesichert. Der Kirchenraum wird zusätzlich von einer Publikumsschicht erlebt, die sonst fernbleibt. Über die inhaltlichen Diskussionen, was in dem Raum tatsächlich alles zur Aufführung kommt, kann die Kirche ihre grundlegenden Werte noch breiter als allein im sonntäglichen Gottesdienst in die Gesellschaft tragen. Für Konzerte sind Kirchen bereits regelmäßige Aufführungsorte. Jetzt gilt es, dort wo es sinnvoll erscheint, diese ersten Schritte konsequent zu Ende zu gehen.

Neben Kirchen kommen viele weitere Bauten für die Nutzung als Theaterraum infrage. Es muss nicht immer ein eigens gebautes Haus mit Bühnenturm und neuester Technik sein. Innerhalb einer Stadt muss geprüft werden, welche Gebäude und Institutionen sinnvoll räumlich und administrativ vernetzt werden können.

Wer sich als Theatermacher aufgrund einer Raumkooperation vermeintlich wichtiger technischer Möglichkeiten wie Schnürboden, Drehbühne, Orchestergraben etc. beraubt sieht, dem fehlt die Kreativität, sich in andere Räume hineinzuversetzen und deren Potenzial auszunutzen.

Moderne Produktionen erfordern nicht, dass durchgehend ein maximaler technischer Apparat vorgehalten wird. Wenn komplexe Technik tatsächlich gebraucht wird, kann sie gemietet werden – deutlich passgenauer auf die jeweilige Produktion zugeschnitten. Technik ist nicht das ausschlaggebende Kriterium für gutes Theater. Ein gutes künstlerisches Konzept funktioniert nahezu überall. Kriterien wie z. B. Akustik, Sichtlinien, Sitzplatzqualität und gute Vernetzung in der restlichen Freizeitstruktur der Gäste sind wesentlicher als technische Finessen.

Wichtig ist in jedem Fall, dass diese Lösungen langfristige und verlässliche Perspektiven bieten, um eine sinnvolle Struktur aufzubauen. Egal, welche Räume es sind, sie müssen das werbewirksam einsetzbare Zuhause der Institutionen sein und atmosphärisch der künstlerischen Nutzung entsprechen. Der Nutzen für die Gesellschaft muss im Vordergrund stehen – nicht der Selbstverwirklichungstrieb von Politikern oder Architekten.

In den Wirkungsbereichen der Landesbühnen sind in dünner besiedelten Gebieten feste Räume mit entsprechender Ausstattung dagegen kaum sinnvoll, weil eine adäquate Auslastung nicht gegeben ist. Wenn Auftritte in Schlosssälen, Klöstern, Kulturhäusern oder auch Kirchen und anderen historischen bzw. atmosphärisch besonderen Räumen geplant sind, sollte von Produktionen, die eine aufwendige technische Ausstattung benötigen, abgesehen werden. Deswegen müssen diese nicht schlechter sein als Produktionen in festen Theatern. Alle Ressourcen fließen dabei in professionelle Künstler, in die aufwendige Produktion von Kostümen und Requisiten sowie in ein intelligentes kreatives Konzept.

Dazu müssen entsprechende Produktionen entwickelt werden, die inhaltlich ähnlich klar funktionieren, wie z. B. Shakespeares Stücke im Londoner *Globe Theatre*. Wer hier einmal eine der packenden Aufführungen erlebt hat, die weder Bühnenbild, Bühnentechnik oder Beleuchtung benötigen, wird zustimmen, dass die Kombination aus mitreißenden Schauspielern, Kostümen, Requisiten und einem atmosphärisch passenden Raum absolut ausreichend ist und den Vergleich zu *großen* Produktionen nicht scheuen muss.

Eine Produktion konsequent auf das *Maximum* zu reduzieren, erfordert ein hohes Maß an pfiffiger Kreativität und macht ein professionelles Theatererlebnis raumunabhängig tourfähig. Bei diesem Ansatz geht es nicht darum, Kosten zu sparen, sondern die verfügbaren Ressourcen auf das Wesentliche zu bündeln – also die Kosten für halbherzige Technik lieber in ein perfektes Stück mit herausragenden Künstlern zu stecken.

Wäre das auch im städtischen Raum eine Lösung, um Kosten für feste Räumlichkeiten zu senken? Theoretisch ja. Praktisch ist das differenziert zu betrachten. In Kleinstädten, die zwar einen eigenen kontinuierlichen Theaterbetrieb finanzieren wollen, sich aber keinen eigenen permanenten Aufführungsort leisten können, ist das denkbar. Überall dort, wo es aufgrund einer entsprechenden Besucherdichte möglich ist, einen Aufführungsraum regelmäßig zu füllen, sollte diese Möglichkeit ergriffen werden. So kann durch zusätzliche räumliche und technische Möglichkeiten das Spektrum der spielbaren Werke auf angemessenem Niveau erweitert werden.

Theater ohne eigene, permanente Spielstätte hätte in größeren Städten keine langfristige Zukunft.

Klasse & Masse

Klasse statt Masse – das sei es, was subventioniertes Theater von privatem unterscheidet. Privattheater sind in der Regel Boulevard- oder Musical-Bühnen. Seichtes Entertainment und leichte Kost, um Kasse zu machen. So behaupten es böse Zungen.

Wer dem zustimmt, irrt. Kommerzielle Showproduzenten – die relevanten, nicht die Trittbrettfahrer – feilen lange am Konzept ihrer Produktion und achten peinlich genau darauf, dass jedes Detail perfekt ist und mit dem Gesamtprodukt harmoniert, bevor die Vorstellung einem zahlenden Publikum präsentiert wird. Das hat allein schon von der kunsthandwerklichen Seite Klasse – sonst würde sich niemand dafür begeistern.

Dagegen kommt ein Bühnenbild am subventionierten Haus oft schon zur Premiere ramponiert auf die Bühne, da es durch das ständige Auf- und Abbauen im Probenbetrieb des klassischen Repertoires bereits gelitten hat. Manchmal sind Einsichten nicht ausreichend verdeckt und Teile des Publikums sehen ungewollt Auftritte, Abgänge oder Bühnenpersonal. Solche und andere Unachtsamkeiten machen einen Theaterabend beliebig und wirken lieblos.

Generell scheint die gestalterische Einbeziehung von Portal oder Proszenium, Bühnenkante und Orchestergraben nur selten ausreichend relevant zu sein. Dieser sensible Bereich im Übergang vom Publikum zur Bühne wird – obwohl er den Rahmen für alles künstlerisch Dargebotene darstellt – oft unachtsam behandelt. So sind diverse Führungsschienen ungewollt im

Sichtbereich vieler Plätze, Feuerwehr-Sichtfenster erscheinen übertrieben präsent, das meist schwarze Portal – das oft nur noch dreckig grau wirkt – ist durch die ständigen Umbauten teilweise ramponiert. Der Blick in den Orchestergraben – vor allem von den Rängen – vermittelt mehr den Eindruck eines Probenraumes als eines dem künstlerischen Bühnengeschehen zugehörigen Elements.

Vor allem in historischen Bauten setzt sich diese Lieblosigkeit im Zuschauerraum fort. Scheinbar ohne Rücksicht auf die Atmosphäre des Raumes sind dort Lautsprecher, Monitore, Projektoren oder Scheinwerfer angebracht. Hier gilt es, die Art und Weise der Anbringung in ein gutes Verhältnis zur Gesamtwirkung des Raumes zu setzen. Die Auswahl des technischen Produktes sowie die Abwägung der Notwendigkeit seiner Positionierung bieten immer – wenn auch eingeschränkte – Variationsmöglichkeiten. In jedem Fall muss viel Wert gelegt werden auf saubere Verblendung bzw. eine harmonische Integration in den Raum. Am Beispiel von Scheinwerfern im Saal wird das oft augenscheinlich. Deplatzierte Geräte finden sich an exponierten Stellen wie Rangbrüstungen und Logen. Oft zum großen Nachteil eines ansprechend renovierten Raumes. Frei liegende Verkabelung oder teilweise an den Scheinwerfern gelagerte Farbfilter und anderes Equipment vermitteln einen unaufgeräumten Eindruck – im schlimmsten Fall werden sogar Sitzplätze blockiert.

Man möchte meinen, auf der Bühne spiegle sich das Manko des Intendantentums wider: von allem etwas, aber nichts richtig. Regelmäßige Ausnahme ist die musikalisch hohe Qualität bei Musiktheater-Aufführungen. Aber das ist eben längst nicht alles. Wenn beim Musiktheater nur die Musik stimmt, aber das Theater nicht, dann doch lieber ein Konzert ohne die Ablenkungen einer unvollkommenen Bühnendarbietung. Es kommt, so scheint es, immer seltener zu echten magischen Momenten im Theater.

Theater muss sich auf eine Ästhetik besinnen, fantasievoll werden, kunsthandwerklich auf höchstem Niveau agieren und ein gemeinsam erlebbares Gefühl in den Vordergrund stellen. Natürlich hat das Theater auch einen Bildungsanspruch. Allerdings hat Didaktik am Theater nichts verloren. Berthold Brecht soll einmal gesagt haben: *„Das Theater ist ein Unternehmen, das Abendunterhaltung verkauft.“* Gute Theatermacher verstehen es, Theater facettenreich und inhaltlich interessant auszugestalten – und dabei im jeweils dem Thema angemessenen Rahmen zu unterhalten. Verstehen sie es dagegen nicht, kommt, um mit Curt Götz zu sprechen, *„nach der Lehre die Leere“* – und am Schluss die Schließung des Theaters. Ganz ohne die primäre Schuld den fehlenden Finanzen zuweisen zu können.

Egal, welche Inhalte mit Theater kommuniziert werden sollen, es braucht ein aufgeschlossenes Publikum, das differenziert beworben wird. Am Anfang steht das Bedürfnis des potenziellen Gastes. Wer den Respekt dafür nicht aufbringt, ist am Theater falsch. Dieser Ansatz wird von manchen öffentlichen Institutionen als Nachfrageorientierung verteufelt. Realitätsorientierung wäre ein besserer Ausdruck.

Wer nicht in der Lage ist, mit der gesamten Fülle der künstlerisch-technischen Möglichkeiten packend zu unterhalten und Emotionen zu wecken, ist im Bereich der emotionslosen Wissenschaft besser aufgehoben. Unterhaltung ist immer eine Form von emotionaler und fantasievoller Auseinandersetzung – auch mit schwierigen oder belastenden Gefühlen und Konflikten. Theater kann ohne Gesichtsverlust problemlos die Gesellschaft respektieren, für die es gemacht wird. Dem Theater kann es gelingen, Realität gekonnt in die Fiktion der Bühne einfließen zu lassen. Indem z. B. unterdrückte Gefühle wie Aggression, Angst oder Sexualität künstlerisch verfremdet auf einer Bühne thematisiert werden, wird ein gesellschaftlicher Austausch angestoßen.

Subventionen ermöglichen öffentlich geförderten Institutionen, hochwertig zu arbeiten. Es gibt zwar kein Rezept für gute Kunst, aber es gibt durchaus hilfreiche Ansätze für handwerkliche gute Theaterarbeit. Diese beginnt mit dem Servicegedanken, noch bevor der Gast das Haus betritt. Gastlich und einladend soll alles wirken. An subventionierten, intendantengeführten Theatern nicht selbstverständlich. Fachkräfte, die perfekte Gastlichkeit verantworten, wären u. a. in der Hotel- und Tourismusbranche zu finden.

Bei der Gestaltung der Bühne setzt sich das fort. Zu baulichen Unachtsamkeiten gesellt sich offenbar der Drang, mit dem

Bühnenbild ein eigenständiges Kunstwerk zu schaffen, ohne dabei den primären Fokus auf die Darsteller zu lenken. Der Fantasie des Gastes wird immer weniger zugetraut. Mit immer konkreteren Bauwerken wird dem Zuschauer die Möglichkeit genommen, selbstständig in andere Welten einzutauchen und die Grenzen zur Wirklichkeit auf individuelle Art zu überschreiten. Dramaturgisch sinnvolles Lichtdesign versucht man mit möglichst vielen Wänden auszusperren – es besteht ja immerhin die Gefahr, dass das Kunstwerk Bühnenbild sonst in den Hintergrund rückt. Polemisch? Minimal. Leider oft zu nah an der Realität, um ignoriert zu werden.

Bühnenbildkonzepte bestehen nicht nur aus festen Bauten. Wie im Lichtdesign entstehen interessante Momente dann, wenn sich etwas verwandelt, sich etwas bewegt. Auch das darf nicht zum Selbstzweck oder Effekt werden, sondern muss immer dramaturgisch motiviert sein. All das macht nur Sinn, wenn Fantasie und Magie des Theaters nicht zunichtegemacht werden. Sind Verwandlungen zu vorhersehbar, Techniker sichtbar, die Darsteller nicht unmittelbar, sondern aus Sicherheitsgründen nur am Rande Beteiligte, dann lohnt der Aufwand nicht. Unvorhersehbarkeit und dramaturgische Sinnhaftigkeit sind entscheidend. Werden Bewegungen als bühnentechnische Verwandlung identifiziert und nicht als logische Konsequenz des dramaturgischen Bühnengeschehens wahrgenommen, sind sie für den Gast wertlos. Ein von Hand bewegtes Tuch kann demnach einen größeren und stimmigeren Bühneneffekt erzielen als eine komplette Maschinerie.

Mit weniger Materialistik und dafür mehr Fantasie wird Theaterkunst deutlich besser zur Geltung kommen. Natürlich ist immer die Relation zu wahren: Eine Ausstattungsrevue ist anders zu behandeln als *Warten auf Godot*. Trotzdem ist eine ästhetische oder poetische Bildsprache, die dem Gast für seine eigenen Vorstellungen Raum gibt, ein wichtiges, oft zu wenig beachtetes Markenzeichen von Theater.

Damit ein Bühnenbild seine Funktion optimal erfüllen kann kann, braucht es Produktionsleiter, die gemeinsam mit allen Gewerken eine qualitativ hochwertige Anbindung an die baulichen Gegebenheiten des Theaters gewährleisten. Alles, was im Verborgenen bleiben soll, wird sorgfältig verdeckt. Der gesamten sonstigen sichtbaren Technik oder Konstruktion wird ein sauberes und ordentliches Erscheinungsbild gegeben. Selbstverständlich gibt es an öffentlichen Theatern Personen mit der Bezeichnung *Produktionsleiter*. Aber ihre inhaltliche Ausrichtung ist selten in letzter Konsequenz dem Publikum verantwortlich, sondern lediglich den reibungslosen internen Abläufen. Das kann aber nur ein Teil der Aufgabe sein.

Die zweite wichtige Person, um in einem optimierten Repertoire-Block-Ensuite-System ein kreatives Bühnenbildkonzept im dramaturgischen Kontext positiv erscheinen zu lassen, ist ein Teammitglied der Stage-Management-Abteilung – oft der *Production Stage Manager*. In sämtlichen Kreativbesprechungen und relevanten Proben ist er anwesend und koordiniert das Zusammenspiel der Künstler und der Technik – lange bevor es auf der Bühne realisiert wird. In der aktuellen intendantendominierten Realität übernehmen das meist die Regieassistenten oder Inspizienten. Weder ihre Stellung innerhalb des Teams noch ihre Ausbildung oder ihr Know-how qualifizieren sie in den meisten Fällen für derartige Aufgaben. Das hat zur Folge, dass Bühnenzeiten gemeinsam mit den personalintensiven technischen Abteilungen zu langwierigen Absprachen verschwendet werden und am Ende die Zeit nicht reicht, um Verwandlungen und Abläufe tatsächlich dramaturgisch perfekt und kunsthandwerklich auf höchstem Niveau umzusetzen. Die Folge ist, dass ein Bühnenbild auch ohne direktes Verschulden eines Bühnenbildners nicht seine kreative Kraft entfalten kann.

Teamorientierte Strukturen, professionelles Stage Management, engagierte Produktionsleiter sowie Produktionsverfahren im modernen Block-Repertoire-Ensuite-Betrieb mit technischen Proben und Voraufführungen ermöglichen es, in Bezug auf die handwerklichen Ausführungen höchste Ansprüche zu stellen.

Ist in puncto Ausstattung alles getan, um maximale Perfektion zu erreichen, liegt es an den Darstellern, den Musikern und dem Kreativteam um den Regisseur, für *Kunst* zu sorgen. Es geht um das Verdeutlichen von noch nie da gewesenen Zusammenhängen und um überraschend fantasievolle Umgangsformen mit dem Altbekannten. Aber nicht jede Fantasie ist Kunst. Trotzdem braucht Theater Fantasie, das Besondere, die fremden Welten – all das, was außerhalb der Theatermauern nicht zu finden ist. Erfährt die Fantasie eine professionelle ästhetische Bearbeitung, dann kann sie zur Kunst werden und die Vorstellungskraft der Gäste anregen.

Gelingt all dies, kann jeder als sinnvoll erachtete und gesellschaftlich relevante Inhalt durch Theater kommuniziert werden – wenn noch einer bisher vernachlässigten Zutat die gebührende Aufmerksamkeit gewidmet wird: Humor ist auf subventionierten deutschen Bühnen noch viel zu selten anzutreffen. *„‚Es herrscht eine wahnsinnige Angst, man könne sich unter Niveau amüsieren‘, sagte [Schriftsteller und Dramatiker Moritz Rinke] [...]. Einige Häuser hätten noch immer einen altmodischen Sinn von Unterhaltung und sogenannter ernster Kultur: ‚Bei denen wird das Theater betrieben wie die deutsche Mülltrennung. Gelacht wird in Container U, geschwiegen, streng nachgedacht und manchmal auch sich zu Tode gelangweilt wird in Container E!‘“[38]*

Es fehlt an humoristischen Facharbeitern am Theater – den geheimen Profis, wenn es um packende Bühnenkunst geht. Richtig dosierte Satire, mit Leichtigkeit vorgetragen, trotzdem anprangernd, aber niemals geschmacklos oder verletzend. Was sich leicht beschreiben lässt, bedarf in der Realität Kompetenzen, die den meisten Regisseuren oder modernen Dramatikern fehlen. Komödiantischer Witz, vielschichtiger Humor oder zupackende Satire sind Ressourcen für gute Theaterarbeit, die viel öfter als Bereicherung für bislang weitgehend humorbefreite Bühnenproduktionen genutzt werden sollten. Gepaart mit der nötigen Fantasie würde das zu inhaltlicher Qualität enorm beitragen.

---

[38] dpa-Meldung auf Südwest Presse online am 07.04.2014: Theater wie Mülltrennung. URL: www.swp.de/ulm/nachrichten/kultur/Kultur-Notizen-vom-7-April-2014;art4308,2541572. Stand: 07.04.2014.

Wer in solchen Ansätzen den Hang zum schieren Entertainment sieht, disqualifiziert sich damit für die künstlerische Arbeit auf der Bühne und den Umgang mit dem Publikum. Wer Angst hat, durch richtig dosierten Humor, Witz oder Satire ein Werk abzuwerten, offenbart seine eigene Angst, beim Umgang mit dieser Materie mangels ausreichender Kompetenz zu versagen. Wem es aber mit wohl bemessener Leichtigkeit des Humors gelingt, dem ersten Anschein nach unbedarfter aufzutreten, als er tatsächlich ist, dem wird am Schluss ein packendes und magisches Werk gelingen.

Die Liste der Kleinigkeiten, die im deutschen Repertoire-Betrieb zum Zunichtemachen der Magie des Theaters führen, ist lang. Ein Zeichen fehlender effektiver Managementstrukturen zulasten des Gastes. Klasse?

140 subventionierte Repertoire-Theater spielen laut Deutschem Bühnenverein jährlich 5.339 verschiedene Produktionen in 890 mehr oder weniger sinnvollen Spielstätten.[39] Masse.

Wer hat etwas von dieser vermeintlichen und massenhaften Vielfalt? Aus der Perspektive von Nutzern und öffentlicher Hand geht diese Vielfalt zulasten der Qualität und ist als leichtsinnige Verschwendung oder als Selbstverliebtheit der Theater zu bewerten.

Bindende Vorgabe durch die Politik muss daher sein: Optimierung zum Vorteil der Gäste. Die Masse in Klasse umwandeln. Nicht mehr an allen Orten massenhaft produzieren, dafür mehr hochklassige Produktionen in bester Qualität öfter spielen.

Wie das effiziente Konzept des Repertoire-Block-Ensuite-Systems zeigt, bleibt eine sinnvolle Vielfalt gewährleistet. Den einzelnen Bühnen bleibt dadurch mehr Zeit für die Entwicklung hochwertiger Werke, und die Produktionsressourcen werden optimal gebündelt.

---

[39] Alle Zahlen: Deutscher Bühnenverein (Hg.): Theaterstatistik 2010/2011. Köln 2012, S. 257–258.

In subventionierten Theatern herrscht mitunter die Meinung, man müsse sich die Produktion sogenannter *anspruchsvoller Stücke* – also der vermeintlichen Stücke mit Klasse – verdienen. Durch Unterhaltungsstücke – also durch Stücke für die Masse. Gemeint ist offenbar, man müsse, um die eigenen avantgardistisch oder aufgeblasen inszenierten Favoriten vor fast leerem Haus spielen zu können, auch *irgendwas Seichtes fürs Volk* anbieten, um die Auslastungsbilanz nicht vollends abstürzen zu lassen.

Im schlimmsten Fall müssen es die Abonnenten ausbaden, wenn ein Regisseur der Meinung ist, *die Leute* schocken oder wachrütteln zu müssen. Es trifft garantiert die falschen *Leute* – und mit Sicherheit zu wenige, um überhaupt eine Relevanz für einen auch noch so kleinen Teil der Gesellschaft zu haben.

Die Selbstverliebtheit des öffentlichen Theaterbetriebes wird deutlich: der Hang, sich lieber mit sich selbst zu beschäftigen, als intelligente und ansprechende Konzepte für viele Menschen im Einzugsbereich des Theaters zu entwickeln. In gewisser Weise lässt sich dieses Verhalten ebenfalls auf die starren und uneffektiven Organisationsstrukturen subventionierter deutscher Theater übertragen – und mit rund 140 öffentlichen Bühnen sind das sehr viele. Eine Masse, die es im Wesentlichen zu erhalten und mit Klasse zu füllen gilt.

In der freien Szene herrscht bisweilen die Überzeugung, in der Masse der subventionierten Theater werde hemmungslos konsumiert. Allerdings nicht so, wie es sein sollte, vom Publikum, sondern von den vermeintlich kreativen Machern, die materiell aus dem Vollen schöpfen können und viel Geld für skurrile Regie- und Ausstattungskonzepte verschwenden.

Es bedarf tatsächlich nicht immer des technisch voll ausgestatteten Theaterraums. Dieses Fazit lässt sich auch aus den Anmerkungen der Enquete-Kommission zur freien Szene ziehen: *„Mit ästhetischer Experimentierfreude und gesellschaftlicher Relevanz halten Freie Theater unter schwierigen Umständen den kulturellen Nährboden fruchtbar. Hier wird es sicher weiterhin zu Verteilungskämpfen und Überschneidungen mit avantgardistischen Ansprüchen einzelner großer Stadttheater kommen, die auf der Suche nach der Bindung neuer Publikums-*

schichten Ähnliches versuchen. Es entsteht der Eindruck, dass die Leistungen des Freien Theaters bislang in deutlichem Missverhältnis zur Wahrnehmung, Anerkennung und Förderung durch alle politischen Ebenen stehen. [...] Freies Theater erschließt neue Publikumsschichten und neue Spielorte. Eine Vielzahl künstlerischer Neuerungen der vergangenen Jahre wurde von Freien Theatern entwickelt und anschließend auch von Stadt- und Staatstheatern übernommen. Sie arbeiten zunehmend in Netzwerken im deutschsprachigen Raum und international. "[40]

Einem Teil der freien Szene würde die Umstrukturierung der subventionierten Institutionen hin zu leistungsfähigen Kooperationssystemen ebenfalls zu besseren Arbeits- und Auftrittsmöglichkeiten verhelfen. Die subventionierten Institutionen werden dadurch zusätzlich belebt, Ressourcen werden gebündelt und der kreative Austausch gefördert. Unterschiedliche Publikumsschichten treffen und vermischen sich durch räumliche Kooperationen am selben Ort. Masse, die sich trifft, um Klasse zu erleben.

---

[40] Deutscher Bundestag (Hg.), Drucksache 16/7000: *Schlussbericht der Enquete-Kommission „Kultur in Deutschland"*, Berlin 2007, S. 110.

Lichtgestaltung – Kunst & Handwerk

Direktor:

Besonders aber laßt genug geschehn!
Man kommt zu schaun, man will am liebsten sehn.

Die Chancen, die Teamarbeit mit qualifizierten Lichtgestaltern bzw. Lichtdesignern bietet, bleiben an den deutschen subventionierten Theaterinstitutionen oft ungenutzt: Die Regie fürchtet häufig eine zusätzliche Einmischung in künstlerische Konzepte, bei der Ausstattung bangt man vielfach um die Hoheit der optischen Gestaltung. Nur sehr selten ist eine Licht-Design-Struktur in öffentlichen deutschen Theatern etabliert. Im Allgemeinen ist kein ausgebildeter Lichtgestalter in relevanten Regiebesprechungen, als Beteiligter in der frühen Bühnenbildentwurfsphase oder bei Proben zu finden.

Licht für öffentlich subventionierte Bühnen wird meist in langwierigen, uneffektiven und personalintensiven Beleuchtungsproben nach den Vorgaben von Regisseuren oder Bühnenbildnern erstellt. Diese verfügen aufgrund mangelhafter Ausbildungsstrukturen in diesem Bereich fachlich in der Regel kaum über ausreichend Kenntnis. In die Anschaffung modernster Technik werden zudem hohe Summen investiert. Für gutes Licht ist allerdings nicht die Technik ausschlaggebend. Die alltäglichste Lampe kann, richtig eingesetzt, oft mehr erreichen als das modernste Multifunktionsgerät. Eine Investition in die Menschen hinter der Technik ist demnach oft die bessere Lösung.

Befremdlich ist, dass ein Präsident des Deutschen Bühnenvereins – ehemals Intendant –, gleich nachdem er die Leitung der Bayerischen Theaterakademie übernommen hatte, den Studiengang Lichtgestaltung abgeschafft hat. Gelebter Mut zum Teamwork sieht anders aus.

Den renommierten Ausbildungsstätten in Deutschland wäre daher zu empfehlen, dass sie die Lichtgestaltung baldmöglichst auf den Studienplan setzen. Um das Bewusstsein für Licht zu schärfen, sollte die Arbeit mit Licht gleichzeitig auch in anderen Bereichen wie der Bühnenbildausbildung, bei Regisseuren, Darstellern, Masken- und Kostümbildnern oder Dramaturgen verankert werden. In umgekehrter Weise gilt selbstverständlich dasselbe. Solche teamorientierten, vernetzten Konzepte werden z. B. an der renommierten Stanford University in Kalifornien und anderen internationalen Ausbildungsstätten mit großem Erfolg auf hohem Niveau umgesetzt – in Deutschland existiert Stand April 2017 keine vergleichbare Ausbildung.

Die künstlerische Komponente der Lichtgestaltung wird an deutschen subventionierten Theatern stark vernachlässigt – wodurch unweigerlich das Handwerk, und somit die vom Gast erlebte Qualität des Lichtes, leidet. Die Gründe dafür liegen großteils im konservativen Repertoire-System. Bei den kontinuierlichen Umbauten zwischen verschiedensten Produktionen, die auch ein permanentes Umleuchten von Scheinwerfern erfordern, geht allein durch den Prozess der ständigen Reproduktion und den anhaltenden Zeitdruck zwangsläufig Qualität verloren.

In der Einrichtungsphase einer Produktion gibt es oft keinen Lichtdesigner, der die klare Gestaltungsverantwortung trägt. Hinzu kommen Defizite in der Qualifikation von Bühnenbildnern, Regisseuren oder Darstellern sowie teilweise auch bei den Mitarbeitern der Beleuchtungsabteilungen.

Oft finden sich zum Lichtsetzen eingeteilte Beleuchtungsmeister als Mediator zwischen Regie und Bühnenbild wieder und müssen in zähen Beleuchtungsproben zwischen unterschiedlichen Vorstellungen vermitteln. Zusätzlich problematisch wird es, wenn Bühnenbildner Fotos ihres Bühnenbildmodells, das mit Schreibtischlampen und verschiedenen Farbfiltern beleuchtet wurde, als Vorlage für tatsächliches Licht präsentieren. Was hier überspitzt beschrieben ist, spiegelt die Realität wider, mit der Licht oftmals noch gedacht wird: in unbewegten Stimmungen, unbewegten Bildern. Es geht aber nicht um Malerei – auch wenn intensive Kenntnisse darüber für gute Lichtgestaltung unerlässlich sind. Es geht vielmehr um eine bewegte, lebendige Atmosphäre – das Transportieren des Bühngeschehens zum Zuschauer.

„Visibility goes first" – Sichtbarkeit steht an erster Stelle. Seitdem im angelsächsischen Sprachraum mit zunehmender Technisierung der Theater das Lichtdesign zur effizienteren Beleuchtungsplanung und somit zur Kostensenkung sowie Qualitätssteigerung etabliert wurde, hat dieser Leitsatz nichts an Relevanz eingebüßt. Die Lichtgestaltung übernimmt am Theater im Gegensatz zu Film und Fernsehen die Funktion der Kamera – also die Aufgabe, den Fokus des Publikums zu lenken. Die Möglichkeiten sind dabei komplex und vielfältig. Am banalsten ist der Einsatz von Verfolgerscheinwerfern.

Menschen nehmen Licht intuitiv als eine Kombination aus Richtung, Qualität, Intensität und Farbe war. Dabei muss Personenlicht, das maßgeblich den Fokus des Publikums lenkt, in ein Führungslicht integriert werden, das Zeit und Ort der Handlung unterstützt. Das ist ungleich aufwendiger, als mit Verfolgerscheinwerfern zu arbeiten, aber künstlerisch deutlich intensiver.

Um tatsächlich den Fokus richtig zu lenken, bedarf es einer agilen Bewegung des Lichtes. Licht wird erst dann interessant, wenn es sich mit dem Bühnengeschehen entwickelt. Von künstlerisch größter Bedeutung sind die Übergänge, in denen sich das Licht verändert. Das Timing und die Art von Lichtveränderungen entscheiden maßgeblich, ob es gelingt, den Fokus zu lenken und den hohen Anspruch an das Führungs- und Personenlicht zu erfüllen. Fokus und Timing sind harte Fakten, die sich objektiv als handwerkliche Qualität der Lichtgestaltung bewerten lassen: War immer eindeutig, wo ich hinschauen muss? Habe ich dort alles klar genug gesehen? Haben sichtbare Lichtwechsel Rhythmus, Sprache, Dramaturgie oder Musik richtig aufgegriffen?

Abstrakte Raumgestaltung oder gezielt vom Personenlicht losgelöste emotionale Licht-Effekte erfordern ebenfalls eine handwerklich hochwertige Ausführung, aber hier herrscht große künstlerische Freiheit. Die subjektive Empfindung des Designers bzw. des Kreativteams spielt dabei eine bedeutende Rolle. Aber auch hier muss das objektiv bewertbare Timing stimmen.

Vor diesem Hintergrund wird deutlich, dass sich Fotos von Aufführungen oder Bühnenbildmodellen selten als Referenz für gutes Licht eignen.

Vor der Gestaltung emotionaler Effekte und abstrakter Räume steht in der Regel die Gestaltung des fokuslenkenden Personenlichtes. Damit dieses auch seine volle Wirkung entfalten kann, bedarf es mehr als nur der perfekten technischen Umsetzung. Licht und Darsteller müssen eng zusammenarbeiten. Personenlicht hat auch die Aufgabe, den Darstellern die Lichträume zu schaffen, die sie benötigen, um sich ganz auf ihr Spiel zu konzentrieren. Wenn Darsteller gegen Licht anspielen müssen, in dem sie die Räume, die sie brauchen, nicht finden, geht dabei wertvolle Kraft und somit Qualität verloren. Dies zeigt, dass Licht niemals eigenständig ist und sich immer dem realen Bühnengeschehen anpassen muss. Die Gefahr, eine darstellerische Leistung mit Licht abzuwerten oder zu ruinieren, ist bei mangelnder künstlerischer Gestaltung und unzureichender handwerklicher Umsetzung enorm.

Im besten Fall wird szenisches Licht vom Publikum nicht aktiv wahrgenommen, sondern immer als logische Konsequenz aus dem Bühnengeschehen oder der Musik erschlossen. Ist ein Laie am Ende einer Vorstellung in der Lage, speziell über Licht bzw. fehlendes Licht zu berichten, wurden offensichtlich Fehler gemacht. Wird Licht dagegen vom regulären Publikum nicht aktiv erlebt und als selbstverständlich wahrgenommen, darf dies als Lob gewertet werden.

Der Grund, warum kreative Lichtverantwortliche in Rezensionen oder in vielen Programmheften konsequent ausgegrenzt werden, hat aber leider andere Gründe und ist ganz und gar nicht als Lob zu verstehen. Licht ist die einzige kunsthandwerkliche Abteilung in öffentlich geförderten deutschen Theatern, die keinen direkten kreativ Verantwortlichen hat und oft als rein technisches Gewerk geführt wird – anders als Kostüm- oder Bühnenbild. In der Regel wird fürs Licht ein stückverantwortlicher Beleuchtungsmeister bestimmt, der die Umsetzung zu verantworten hat. Viele Beleuchtungsmeister sind durchaus in der Lage, eine gute Lichtgestaltung umzusetzen. Aber wird das ihren Qualifikationen und Verantwortungsbereichen gerecht?

Einem leitenden Angestellten mit Personal-, Sicherheits- und zum Teil auch Budgetverantwortung wird hier zusätzlich ein kreativer Prozess auferlegt. Viele Beleuchtungsmeister werden bestätigen können, dass die Zeit für Probenbesuche und intensive Besprechungen im Kreativteam oft fehlt. Dazu kommen teilweise Interessenkonflikte bei der Ressourcen- oder Personalplanung.

Mit wachsenden technischen Anforderungen sowie gesteigerten Erwartungen an Licht ist es nur logisch, auch bei den Beleuchtungsabteilungen eine längst überfällige Strukturkorrektur vorzunehmen. Im Bereich der Beleuchtung beinhaltet dies vor allem die Etablierung einer Lichtdesign-Struktur, interne Qualifizierungsmaßnahmen und die Öffnung für temporäre Zusammenarbeit mit externen Dienstleistern. In modernen Beleuchtungsabteilungen sollten sich fachliche Qualifikationen, Aufgaben und Verantwortungsgebiete in klare Fachbereiche aufteilen:

Beleuchter: In dieser Personengruppe bedarf es keiner grundlegenden Veränderung, aber konsequenter Weiterbildung, die bisher teilweise vernachlässigt wurde. Beleuchter sind qualifizierte Facharbeiter und Handwerker, die wie niemand sonst im Team ein spezifisches technisches Know-how über alle beleuchtungstechnischen Gerätschaften haben sollten. Dazu gehören sicherheitsrelevante Aspekte genauso wie Wartung, professionelle Bedienung aller Gerätschaften und produktionsspezifische Installationen. Zusätzlich fallen die verlässliche Dokumentation technischer Einrichtungen sowie der Bau bzw. die Unterstützung elektrischer und elektronischer Bühnenbildteile und Requisiten in ihren Bereich.

Stellwerksbeleuchter und *Programmierer:* Bisher gliedert sich ein Stellwerksbeleuchter – der auch die Programmierung der Produktionen übernimmt – grundsätzlich in das Team der Beleuchter ein, ist aber im Wesentlichen mit der Bedienung des Lichtstellwerkes während Proben und Aufführungen betraut. Hier besteht an öffentlich subventionierten Häusern enormer Handlungsbedarf hinsichtlich Qualifikation und grundlegender Struktur.

Parallel zur rasanten Entwicklung im technischen Bereich haben sich am freien Markt einige Licht-Programmierer innerhalb der letzten beiden Jahrzehnte zu hoch qualifizierten und stark nachgefragten Profis entwickelt. Zu Recht. Licht lebt von Bewegung, Veränderung. Selbst das beste Design, die dramaturgisch ausgefeiltesten Konzepte oder die beeindruckendsten Effekte bleiben Theorie, wenn der Programmierer sie nicht im Sinne des Designers in einer angemessenen Zeitspanne umsetzen kann. Eine partnerschaftliche Zusammenarbeit zwischen Designer und Programmierer ist von grundlegender Bedeutung für den Erfolg eines spannenden Lichtdesigns. Es kommt daher nicht selten vor, dass beide Funktionen in einer Person vereint werden. Dies kann zu extrem effektiven Prozessen führen, ist aber nicht immer sinnvoll und muss gerade am Theater differenziert betrachtet werden.

Im Wesentlichen lassen sich zwei Fachbereiche unterscheiden, die in modernen Theaterstrukturen auf Personen mit unterschiedlichen Qualifikationen aufgeteilt sein müssen: einerseits Programmierer, die an der Seite des Designers für Planung und Programmierung neuer Werke zuständig sind. Andererseits Stellwerksbeleuchter, die im laufenden Betrieb die bereits programmierten Vorstellungen abfahren und für ein Qualitätsmanagement sorgen.

Programmierer: Sie können die Vision des Lichtdesigners, Bühnenbildners oder Regisseurs in wenigen Augenblicken umsetzen, speichern, weitere Versionen anlegen, vergleichen und nach gemeinsamer Verständigung das beste Ergebnis übernehmen. In modernen Strukturen sorgen Programmierer frühzeitig dafür, dass bereits in einer virtuellen 3-D-Umgebung ein Teil des Lichtes nach Vorgaben des Designers vorprogrammiert wird. Mögliche Schwachstellen des Designkonzeptes werden so im besten Fall früh entlarvt, ohne dafür kostbare Bühnenzeit zu verschwenden. In wenigen Stunden können so mehrere Hundert Stimmungen und Übergänge für ein lebendiges Licht entstehen. Schnelle Programmierer können in Proben Korrekturen nahezu in Echtzeit umsetzen, ohne den Probenablauf spürbar zu beeinträchtigen. Dies ist qualitativ und zeitlich ein erheblicher Mehrwert gegenüber der Abarbeitung von Korrekturnotizen in einer zusätzlichen Beleuchtungsprobe.

Da Programmierer sehr eng mit dem Kreativteam und in der Regel freischaffenden Lichtdesignern zusammenarbeiten, ist auch für sie eine freie Beschäftigung nur konsequent. Im optimierten System des Repertoire-Block-Ensuite-Betriebs werden Programmierer konzentriert zu Beginn eines Blockes zur Produktionseinrichtung gebraucht. Auch das spricht für eine freie Beschäftigung.

Programmierer müssen heute deutlich mehr leisten, als lediglich die Intensität einzelner Scheinwerfer zu programmieren. Die Anforderungen beinhalten ein sehr hohes Maß an allgemeinem IT- und Netzwerktechnik-Fachwissen, gepaart mit branchenspezifischem Spezialwissen. Die zunehmende Vernetzung der Steuerungen von Licht, Bühnenmaschinerie, Ton, Video oder Laser macht dies notwendig. Daher sind die Fähigkeiten von Programmierern nicht nur im unmittelbaren Zusammenhang mit Aufführungen gefragt, sondern auch im frühen Stadium von Projektplanungen – beispielsweise bei Neubauten oder temporären Großveranstaltungen.

Die nötigen Qualifizierungs- und Weiterbildungsmöglichkeiten sind an subventionierten Theatern nicht gegeben und nur in Verbindung mit Veranstaltungen der kommerziellen Industrie verfügbar. Da Programmierer zu den bestbezahlten und stark nachgefragten Personen im Bereich Licht gehören, können sich Theater eine – ohnehin nicht zwingend nötige – Festanstellung kaum leisten. Sollten Theater ihre Mitarbeiter entsprechend intensiv schulen, ist die Gefahr groß, dass diese Mitarbeiter die lukrativeren Angebote des freien Marktes und der Industrie annehmen und für das Theater mitsamt den Investitionen in ihre Qualifikation verloren sind.

Stellwerksbeleuchter. Sie sind diejenigen, die im laufenden Betrieb mit dem Team des Hauses die programmierten Vorstellungen abfahren sowie für kontinuierliche Qualität und Systemsicherheit sorgen. Sie sind innerhalb des Repertoire-Block-Ensuite-Betriebs prädestiniert für eine Festanstellung. Qualifizierungen sind nicht im selben Rahmen nötig wie bei Programmierern bzw. Projektplanern. Dennoch muss auch bei festangestellten Stellwerkern der Realität technischer Entwicklungen Rechnung getragen werden. Heutige Scheinwerfer, Multifunktionsgeräte oder Lichtpulte benötigen bisweilen Software-

Updates, und ohne IT-Basiswissen über Netzwerktechnik und Steuerprotokolle ist die Fehlersuche in modernen Systemen kaum noch möglich. Wenn Theater auf der Höhe der Zeit mit modernen Anlagen arbeiten wollen, muss hier in jedem Fall investiert werden – sowohl in eine angemessene Entlohnung entsprechend der Qualifikation als auch in kontinuierliche Weiterbildung.

Beleuchtungsmeister: ein Meister für Veranstaltungstechnik. Der Beleuchtungsmeister ist als Abteilungsleiter u. a. verantwortlich für die Personal- und Budgetplanung, die Sicherheit der beleuchtungstechnischen Anlagen und für sämtliche sonstigen administrativen Vorgänge. Zu seinen Aufgabengebieten gehört zusätzlich die Einhaltung aller relevanten Vorschriften aus der jeweils gültigen Versammlungsstättenverordnung sowie anderer allgemeiner Vorschriften – z. B. Arbeitsrecht, Tarifverträge oder Betriebsvereinbarungen. Qualifikation und Prüfung der Meister für Veranstaltungstechnik zielen darauf ab, in allen technischen und administrativen Fachbereichen fundierte Kenntnisse aufzuweisen, um mit den jeweiligen Spezialisten auf Augenhöhe zu kommunizieren.

Der Beleuchtungsmeister definiert die realistischen Freiheiten des Lichtgestalters, innerhalb derer dieser in Zusammenarbeit mit dem übrigen Kreativteam das Design entwickeln kann. Dazu gehören Vorgaben zum einsetzbaren Material, zur verfügbaren Personalstärke oder zum Budget, das für Investitionen und Mietmaterial zur Verfügung steht. Er steht dem Lichtgestalter für Absprachen, Planungen und alle technischen Fragen zur Verfügung, prüft dessen technische Planungsunterlagen auf Umsetzbarkeit und stellt die qualitativ uneingeschränkte Reproduzierbarkeit im Spielbetrieb nach der Premiere sicher.

Mit regelmäßiger Selbstverständlichkeit steht für Produktionen an öffentlichen Theatern ein Bühnenbildner bereit. Niemandem käme es in den Sinn, Bühnenbilder künftig vom Bühnenmeister erstellen zu lassen. Dabei sind seine Qualifikationen in puncto Bühnenbild vergleichbar mit denen des Beleuchtungsmeisters in puncto Lichtgestaltung.

Lichtgestalter: Unabhängig davon, ob es sich um eine Uraufführung oder ein bereits bekanntes Werk handelt, wird sich ein Lichtgestalter immer mit Buch und Musik auseinandersetzen, bevor Konzeptionsgespräche mit dem Kreativteam beginnen. Auf eine Besprechung der grundlegenden Herangehensweise folgen in der Kreationsphase bei Bedarf Abstimmungen hinsichtlich Farben und Materialien. Der Schwerpunkt wird dabei oft in der Abstimmung mit dem Bühnenbildner liegen, um zu gewährleisten, dass Aufbauten des Bühnenbildes keine zwingend nötigen Scheinwerferpositionen für geeignetes Personenlicht blockieren. Dies ist bei rechtzeitiger Absprache – also deutlich bevor entsprechende Baupläne an die ausführenden Werkstätten gehen – möglich, ohne das visuelle Bühnenkonzept merklich einzuschränken. In der Realität kommt es vor, dass Bühnenbildner derartige Abstimmungen allerdings als Einschränkung betrachten und blockieren, statt sie als Chance wahrzunehmen. Die vermeintliche Einschränkung ist aber tatsächlich eine Chance, sich mit intelligenten Szenarien gemeinsam auf das Wesen einer Aufführung zu konzentrieren, anstatt autarke, monströse Aufbauten zu kreieren, die lieber ein eigenständiges Kunstwerk sein möchten, als sich in ein Gesamtkunstwerk auf der Bühne einzufügen. Die gemeinsame Arbeit mit 3-D-Modellen ermöglicht diesbezüglich hohe Effektivität, die u. a. die umfangreiche virtuelle Vorprogrammierung einer Produktion gestattet.

Bevor die Programmierung – egal, ob virtuell oder real – starten kann, ist eine umfassende Vorbereitung durch den Lichtgestalter notwendig. Auf Grundlage der Abstimmung mit den anderen Kreativteammitgliedern entsteht der Lichtplan. Darin werden neben den Scheinwerfertypen und ihrer Position auch alle anderen lichttechnischen Details exakt aufgeführt. Dieser Plan ist Grundlage sowohl für budgetäre Planungen als auch für den tatsächlichen technischen Aufbau. Ungenauigkeiten führen unweigerlich zur Qualitätsminderung der späteren Lichtgestaltung oder zu zeitintensiven Umbauten, und damit zur Verschwendung kostbarer Bühnenzeit.

Um einen entsprechenden Plan erstellen zu können, muss der Lichtgestalter das lichtdramaturgische Konzept auf Grundlage aller vorausgegangenen Absprachen verinnerlicht haben. Im nächsten Schritt plant er dieses Konzept im Detail, also in Stimmungen und Abläufen. Jeder Designer entwickelt dazu seine eigene Sprache, oft auch in Zusammenarbeit mit dem Programmierer oder in Abhängigkeit vom verwendeten Lichtpult. Es gibt unzählige verschiedene persönliche Vereinfachungs- oder Kurzformen für Lichtpläne und Ablaufstrukturen – ob als komplexe Liste mit vielen Parametern, digitalem Zeitstrahl der unterschiedlichen Aktionen oder Kürzeln in Textbüchern. Das Ziel ist aber identisch: im entscheidenden Augenblick alle Informationen einfach aufbereitet zur Verfügung zu haben. Das ermöglicht dem Lichtgestalter, sich dem Probengeschehen auf der Bühne anpassen zu können und parallel zu Bühnenproben das Licht zu erstellen – egal, was in welcher Reihenfolge geprobt wird. Langwierige Beleuchtungsproben mit einem großen personellen Apparat erübrigen sich. Der gemeinsame Blick des Kreativteams erfolgt in den Proben mit den Darstellern in realen Situationen. Das bietet einen deutlich besseren Eindruck als mit Beleuchtungsstatisten gestellte Szenen.

Unumstößliche Grundvoraussetzung für Lichtgestalter ist es, die handwerklichen und technischen Aspekte der Materie zu beherrschen. In Deutschland empfiehlt sich als Grundlage dafür ebenfalls die Qualifikation zum Beleuchtungsmeister, auch wenn die weitergehende Spezialisierung dann anders verläuft. Neben rein technischen Fertigkeiten gehören weitere Schwerpunkte zum Handwerkszeug eines Lichtgestalters, z. B. sollte er die unterschiedlichen Verfahrensweisen des Leuchtens kennen, um ein hochwertiges Personenlicht herzustellen. Im Personenlicht werden die Grundlagen gelegt, um Tageszeiten, Orte und den Fokus für das Publikum wahrnehmbar zu machen. All dies kann allein durch die Lichtrichtung, die Intensität und die Charakteristik des Lichtes hergestellt werden. Hier wird deutlich, dass gute Lichtgestaltung im Wesentlichen davon abhängt, dass die richtige Lampe am richtigen Ort hängt und korrekt eingesetzt wird. Die modernsten und teuersten Multifunktionslampen können einen grundlegend falschen Ansatz der Lichtplanung nicht korrigieren.

Hand in Hand mit guter Lichtgestaltung geht das intensive Studieren von Malerei oder tatsächlichen Lichtverhältnissen, wie sie im Freien oder in Innenräumen vorkommen. Die zusätzlichen Möglichkeiten beim Umgang mit Farben sind heutzutage nahezu unbegrenzt. Aber der richtige Einsatz von Farben erfordert ebenfalls fundiertes Wissen. Für die Zusammenarbeit mit Maske, Kostüm, Malern oder Bühnenbildnern braucht es vornehmlich technisches Wissen über unterschiedliche Farbmischsysteme sowie das Farbspektrum unterschiedlicher Leuchtmittel. Im weiteren Verlauf der Lichtgestaltung spielen dann auch verschiedene Farbenlehrestudien eine Rolle sowie die Aussagen und Emotionen, die mit verschiedenen Farbeindrücken in der Gesellschaft assoziiert werden. Dabei gilt es zu beachten, dass unterschiedliche Kulturkreise Farben unterschiedlich interpretieren. Bei Theaterproduktionen muss eine stringente Farbdramaturgie entwickelt werden, ohne beliebig zu werden.

Grundlegende dramaturgische Kenntnisse sind auch in der Kommunikation innerhalb des Kreativteams unerlässlich. Dazu gehört neben der fundamentalen Interpretation von Texten auch die Fähigkeit, Partituren oder Klavierauszüge schematisch lesen, verstehen und interpretieren zu können. Nur so wird es möglich, sich mit ebenfalls gut ausgebildeten Regisseuren, Choreografen oder Musikalischen Leitern auf Augenhöhe innerhalb eines Kreativteams auseinanderzusetzen.

Bei all diesen Überlegungen darf nie vergessen werden, dass gutes Theater nicht allein durch modernste Technik entsteht. Daher ist der Grad der oben beschriebenen Umstrukturierung und Qualifizierung an den jeweiligen technischen Bedingungen auszurichten. Wer sich für eine bestimmte Technik entscheidet, sollte dafür Sorge tragen, dass diese effektiv zur Qualitätssteigerung eingesetzt wird und nicht aufgrund ihrer Komplexität oder mangelnder Bedienerkenntnis nur unzureichend genutzt wird.

Gutes Licht braucht Strukturen, die es ermöglichen, dass die nötigen Fähigkeiten intensiv erlernt und später tatsächlich auf den subventionierten Bühnen eingesetzt werden – zum Nutzen aller Mitarbeiter auf der Bühne und zum Nutzen des Publikums.

Wer die kreative und emotionale Kraft der Lichtgestaltung unterschätzt und sie als nebenbei herstellbare Komponente verkennt, der verschenkt enormen Gestaltungsspielraum und wertet das Live-Erlebnis Theater ab.

Personelle Entwicklung

Dichter:

Wer flicht die unbedeutend grünen Blätter
Zum Ehrenkranz Verdiensten jeder Art?

„Es geht zu Lasten des Personals. Mit immer weniger Mitarbeitern wird immer mehr produziert."[41]
Die Optimierungsansätze dieses Buches ließen sich möglicherweise auf diese Aussage von Rolf Bolwin, ehemaliger Geschäftsführender Direktor des Deutschen Bühnenvereins, reduzieren, wenn man – trotz oder gerade wegen berechtigter Kritik an bisherigen Strukturdebatten – nicht differenzierter hinschaute.

Auslöser und treibende Kraft bisheriger Strukturänderungen waren von der Politik gewollte Sparmaßnahmen. Dies führte bereits zu erzwungenen Kooperationen und Fusionen, tatsächlichen Theaterschließungen sowie zu Gehaltsverzicht bzw. Entlassungen von Mitarbeitern im Kulturbetrieb. Unterm Strich zu einer Verschlechterung der sozialen Bedingungen für Theaterbeschäftigte – offensichtlich auch ohne leistungsfähigere Strukturen hervorgebracht zu haben.

Was ist besser an den in diesem Buch vorgeschlagenen Optimierungsansätzen? Kooperation und Fusionen werden genauso gefordert wie die damit verbundenen Schließungen einzelner Spielstätten. Repertoire-Blöcke optimieren teilweise drastisch den Personaleinsatz. Dezimierte Ensembles sollen außerhalb der Kollektive nur noch für die kurze Zeit eines Repertoire-Blocks jeweils neu – teilweise am freien Markt – zusammengestellt werden. Kann das tatsächlich unter künstlerischen, wirtschaftlichen und vor allem sozialen Gesichtspunkten ein besse-

---

[41] Bolwin, Rolf: Theater und Orchester gestern, heute, morgen – Eine Welt der Kunst in Zahlen. Köln 2010, S. 4.

rer Weg sein als bisher? Ja. Denn die treibende Kraft hinter allen vorgeschlagenen Veränderungen ist eine grundlegend andere als bisher: Der Ansatz ist nicht, gezwungenermaßen zu sparen und dabei möglichst viele der bisherigen Arbeitsweisen zu erhalten, sondern es geht um die radikale Veränderung des Bisherigen. Die Substanz der Theaterarbeit soll erhalten bleiben und das Medium Theater gesellschaftlich wieder relevanter werden.

Bevor dem künstlerischen Betrieb die Pistole des Sparzwanges – und damit der unweigerlichen sozialen Einschnitte – auf die Brust gesetzt wird, müssen die Institutionen dem zuvorkommen und aus sich heraus reagieren. Theoretisch. Da in der Realität Veränderungen der hier geforderten Art aus den bestehenden Theaterstrukturen kaum zu erwarten sind, ist politisches Handeln nötig, das dann wiederum aus den Reihen modern denkender Theatermacher unterstützt werden kann. Politische Entscheidungen dieser Art – die der Gesellschaft zu mehr und besserer Theaterarbeit verhelfen, anstatt ihr etwas wegzunehmen – kommunizieren sich gegenüber der Wählerschaft deutlich populärer als bloße Kürzungen.

Dass teils Personal reduziert, qualifiziert oder ersetzt werden muss, steht vor dem Hintergrund, dass rund drei Viertel der Gesamtausgaben Personalausgaben sind, außer Frage. Der aktuelle Theaterapparat steht sich selbst und seinen künstlerischen Kernaufgaben im Weg. Solange die finanzielle Ausstattung der Bühnen noch auf einem guten Niveau ist, sollte dies genutzt werden, um soziale Einschnitte in der Übergangsphase zu vermeiden.

Sobald veränderte Strukturen ihre positive Wirkung zeigen, kann die aktuelle, durch vorangegangene Kürzungen enorm gesteigerte Arbeitsbelastung einzelner Mitarbeiter wieder normalisiert werden – ein wichtiger Schritt zu einem hochwertigen künstlerischen Produkt, zu sicherem Arbeiten auf der Bühne und sozialen Arbeitsbedingungen.

Ein System öffentlich geförderter Theater wird niemals alle, die gerne dort arbeiten würden, ernähren können. Verschiedene Medien – wie beispielsweise Focus Online – griffen dazu im Oktober 2013 eine Meldung der dpa auf: *„Der Präsident des Deutschen Bühnenvereins, Klaus Zehelein, hat vor einem wachsenden Theaterprekariat in Deutschland gewarnt. Schon jetzt gebe es viele Theaterleute, die sich mit schlecht bezahlten, oft befristeten Arbeitsverhältnissen durchschlügen, sagte Zehelein zum Semesterauftakt der Bayerischen Theaterakademie [...] in München. Wenn im Zuge der Verhandlungen über ein europäisch-amerikanisches Freihandelsabkommen künstlerische Berufe generell nur als bloße Dienstleistung eingestuft würden, werde dies die [...] Lebens- und Arbeitsbedingungen von Theaterschaffenden noch einmal deutlich verschärfen. [...] Der Bundesregierung warf Zehelein Desinteresse vor.“*[42]

Die Ausgaben für Kultur sind nach wie vor vergleichbar hoch, das zeugt nicht gerade von Desinteresse. Nur mit Blick auf den mangelnden Mut zu echten Strukturreformen wäre solch ein Vorwurf gerechtfertigt.

Theater und ihre Mitarbeiter sind de facto bloße Dienstleiter für die Gesellschaft. Dafür werden sie von dieser bezahlt. Wer im 21. Jahrhundert immer noch proklamiert, der künstlerische Auftrag der Theater müsse frei von jeder gesellschaftlichen Überprüfung sein, hat zu Recht Angst vor einem Freihandelsabkommen. Dass ein durch profitorientierten Wirtschaftslobbyismus vorangetriebenes Liberalisierungsabkommen in vielerlei Hinsicht gesellschaftliche Nachteile birgt, bleibt allerdings unbestritten.

Umso mehr ist es an der Zeit, Strukturen zu etablieren, die auch weiterhin eine sinnvolle Investitionspraxis öffentlicher Haushalte in Theater ermöglichen. Dem Partner für solch einen Dialog Desinteresse vorzuwerfen, anstatt alternative Konzepte anzubieten, ist sicher kein guter Ausgangspunkt.

---

[42] dpa-Meldung vom 15.10.2013, auf Focus online: Zehelein warnt vor wachsendem Theaterprekariat. URL: www.focus.de/kultur/kunst/theater-zehelein-warnt-vor-wachsendem-theaterprekariat_aid_1129912.html. Stand: 16.10.2013.

Dass ein Leiter der Bayerischen Theaterakademie – einer der angesehensten Ausbildungsstätten für Theater in Deutschland – seine künftigen Absolventen angesichts der aktuellen Lage auf ihrem Arbeitsmarkt vor einem Theaterprekariat warnt, scheint auf den ersten Blick richtig. Aber was sind die Konsequenzen? Wo, wenn nicht in den Ausbildungszentren, könnten besser die Grundsteine zum Gegensteuern gelegt werden? Sowohl das Verständnis für die Realität eines künstlerischen Berufes als auch die Arbeitsweisen für strukturell effektiv aufgestellte Theater könnten hier vermittelt werden. Das Festhalten an konservativen Organisationsstrukturen und klassischen Ausbildungsinhalten sowie die Warnung, Politik zeige zu wenig Interesse und stelle gleichzeitig zu wenig Geld zur Verfügung, wirkt befremdlich. Forderungen nach mehr Geld lösen langfristig keines der bestehenden Strukturprobleme.

Jeder, der am Theater – egal, in welcher Form – Arbeit findet, muss davon leben und vorsorgen können. Die Qualitätsanforderungen für Künstler müssen hoch sein. Nur die Besten – und diese nur in einer begrenzten Anzahl – werden eine gewisse Zeit ihrer Karriere am Theater verbringen können. Diese Realität muss jedem, der mit der Ausbildung zu einem künstlerischen Theaterberuf beginnt, bewusst sein bzw. bewusst gemacht werden.

Es muss immer einen Plan B geben, der am besten schon während der Ausbildung eine Rolle spielt. Daher müssen sich nicht nur die Theater, sondern auch die Bildungseinrichtungen einer Strukturreform unterziehen. Erste Ansätze an den Musikhochschulen in Baden-Württemberg haben zu breiten Diskussionen und Protesten geführt. Aber *dass* Reformbedarf besteht, sollte durch die Diskussion über den richtigen Weg nicht infrage gestellt werden.

Auch wenn Kunst nicht gerne mit dem Markt in Verbindung gebracht wird, muss hier genau das getan werden: Eine Ausbildung von Künstlern vorbei am tatsächlichen Bedarf des Arbeitsmarktes macht wenig Sinn. Selbstverständlich muss es weiterhin einen gesunden Wettbewerb um die besten Talente – also einen gewissen Ausbildungsüberschuss – geben. Die von vielen am Beginn einer Ausbildung begehrten Stellen in einem

Orchester oder bei einer Bühne bleiben begrenzt und werden sich durch Umstrukturierungen weiter verringern.

Neben der künstlerischen Kernkompetenz müssen zusätzlich ergänzende Qualifizierungen erworben werden. Ausbildungsstätten für künstlerische Berufe müssen daher viel mehr zu Karrierezentren werden, die bewusst künstlerische Patchworkidentitäten hervorbringen. Das ermöglicht eine unkomplizierte Öffnung zur Freiberuflichkeit, zu einer pädagogischen Laufbahn oder weiteren Optionen außerhalb subventionierter Theater oder Orchester. Dazu gehören auch Kompetenzen zur eigenen Vermarktung und Grundlagen der Verwaltung.

In den bestehenden Ausbildungsstätten solche Konzepte und entsprechende Kooperationen mit anderen Bildungsträgern anzustoßen, wäre hilfreicher, als Studenten lediglich vor einem wachsenden Theaterprekariat zu warnen.

Die Wahrscheinlichkeit, durchgehend von einer Bühnentätigkeit leben und fürs Alter vorsorgen zu können, ist bei künstlerischen Tätigkeiten gering. Ähnliches gilt für Kreativteammitglieder. Einige Künstler können nach ihrer künstlerischen Karriere in anderen Berufen am Theater weiterarbeiten – aber diese Möglichkeiten sind begrenzt und sollten höchstens *Plan C* darstellen.

Es gibt durchaus Möglichkeiten, dem Theaterprekariat etwas entgegenzustellen: Dazu sollten alle Theater in einem bundesweiten Zusammenschluss gemeinsam mit den Ausbildungsstätten bestmögliche Aufklärungsarbeit leisten über Optionen, die Künstlern am Karriereende oder als Alternative zur künstlerischen Laufbahn angeboten werden können. Im besten Falle geht diese Aufklärungsarbeit so weit, dass Bewerber, die an staatlichen Ausbildungseinrichtungen abgelehnt werden, keine teure Alternative in den unzähligen Privatschulen suchen. Für eine Ablehnung an den staatlichen Einrichtungen gibt es in der Regel Gründe. Die dortigen Absolventen sättigen den Markt vollkommen. Aber ohne attraktive Alternativen zum primären Berufswunsch sind viele Berufsanfänger weiter entschlossen, sich trotzdem in einem völlig übersättigten Markt behaupten zu wollen.

Ein Theaterprekariat kommt auch dadurch zustande, dass die vermeintlichen Künstler sich einen Preiskampf liefern. An vorderster Front nutzen das kommerzielle Anbieter, auf deren Agenda nicht Qualität an erster Stelle steht. Neben einer teuren privaten Ausbildung werden Künstler dann oft noch mit einer Entlohnung abgespeist, die zum Leben nicht reicht. Das ist ein Punkt, an dem öffentliche Theater sich tatsächlich vom Markt entkoppeln sollten: Sie sollten konsequent anständig bezahlen, um so eine Fallhöhe zum übersättigten Markt mit seinen abenteuerlichen Dumpingpreisen herzustellen. Wer es nicht an die hochwertig arbeitenden Institutionen oder in die Industrie der wenigen kommerziellen Leuchtturmprojekte schafft, überdenkt seinen Berufswunsch im besten Fall und schlägt eine neue Laufbahn ein, die Leben und Vorsorgen ermöglicht. Wenn öffentliche Theater mehr oder weniger auf dem gleichen geringen Entlohnungsniveau operieren wie viele private und kommerzielle Niedriglohn-Veranstalter, wird sich keine positive Veränderung einstellen. Theaterwissenschaftler Ulf Schmidt bringt es auf den Punkt: *„Es sind die deutschen Stadt- und Staatstheater, die Lohndrückerei betreiben und ihre angestellten Künstler in einer Weise prekarisieren, die gesellschaftlich in der Privatwirtschaft als inakzeptabel gelten würde".*[43] Unterstützen die subventionierten Institutionen gesellschaftlich prekäre Situationen, die sie gleichzeitig auf der Bühne anprangern?

„Immer mehr Schauspieler, Sänger und Tänzer erhalten in den öffentlich getragenen Stadt- und Staatstheatern sowie Landesbühnen [...] keine festen Ensemble-Verträge mehr, sondern werden oft nur noch mit kurzfristigen Verträgen für wenige Auftritte oder eine einzelne Produktion beschäftigt. Die Anzahl solcher Verträge ist in den letzten 20 Jahren von früher etwa 8.000 auf heute über 22.000 pro Jahr gestiegen."[44] Was in der hier zitierten Resolution des Deutschen Bühnenvereines als

---

[43] Schmidt, Ulf: It's not the economy, stupid! In: Brennen ohne Kohle, Theater zwischen Niedergang und Aufbruch, Band 12 der Reihe Bildung und Kultur, herausgeben von der Heinrich-Böll-Stiftung. Berlin 2014, S. 12.

[44] Resolution des Deutschen Bühnenvereins: Arbeitsbedingungen darstellender Künstler verbessern, Kiel 2013, S. 1.

negativ kritisiert wird, ist im Prinzip die richtige Entwicklung – allerdings bisher aus den falschen Motiven und offensichtlich zu den falschen Konditionen. Nicht der simple Sparzwang sollte diese Entwicklung vorantreiben, sondern die entsprechende Umstrukturierung der Theaterorganisation.

Das bisherige Repertoire-System muss effizienter strukturiert und die Ensembles müssen flexibler für die daraus resultierenden Repertoire-Blöcke zusammengestellt werden. Viele Künstler und Kreative sind schon jetzt selbstständig und arbeiten an verschiedensten Orten. Es könnte dafür gesorgt werden, dass z. B. regionale Künstlerpools entstehen, aus denen sich die Kulturveranstalter einer Region speisen können. Künstler müssen nicht mehr so viel reisen zu ihren Einsätzen, außerdem verbessert sich die Möglichkeit zur Standortplanung. Dazu gehören neben einer anständigen Bezahlung u. a. eine starke Künstlersozialkasse, der Zugang zur Arbeitslosenversicherung und der Abbau bürokratischer Hürden für kurzfristige Beschäftigungen an unterschiedlichen Häusern.

Meist erreichen Künstler nach Angaben des Deutschen Bühnenvereines *„mit ihrer Tätigkeit keine Beschäftigungszeiten, die sie zum Bezug von Arbeitslosengeld berechtigen. Mehrfachen Aufforderungen, dies durch eine neue gesetzliche Regelung zu ändern, ist die Bundesregierung bisher nicht nachgekommen.“*[45] In Frankreich, wo – wie auch in Großbritannien oder den USA – sehr stark projektbezogen gearbeitet wird, sei der soziale Schutz der Künstler bereits deutlich verstärkt. *„In Deutschland sind wir von einer solchen Entwicklung weit entfernt.“*[46]

Theoretisch steht es aber tatsächlich gar nicht derart schlecht um eine soziale Absicherung von selbstständigen und projektbezogen beschäftigten – also freien – Künstlern. Theoretisch kann ein Künstler die vorhandenen Sicherungssysteme kombiniert nutzen und sich dadurch auch den Bezug von Arbeitslosengeld sichern.

---

[45] Resolution des Deutschen Bühnenvereins: Arbeitsbedingungen darstellender Künstler verbessern, Kiel 2013, S. 1.

[46] Bolwin, Rolf: Theater und Orchester gestern, heute, morgen – Eine Welt der Kunst in Zahlen. Köln 2010, S. 4.

Dazu meldet er sich bei der Künstlersozialkasse (KSK) an – so sie denn in ihrer jetzigen oder ähnlicher Form erhalten bleibt. Die KSK übernimmt dann – wie ein Arbeitgeber – jeweils die Hälfte der Beiträge zur Renten-, Kranken- und Pflegeversicherung. Damit sind eine rudimentäre Grundsicherung und der Erwerb von Rentenansprüchen gegeben. Der Künstler kann jetzt freischaffend – also auf Rechnung – Aufträge annehmen und erhält durch die KSK Versicherungsleistungen ähnlich denen eines Arbeitnehmers.

Was noch fehlt, ist die Möglichkeit, Anspruch auf den Bezug von Arbeitslosengeld zu erwerben. Dafür sind projektbezogene, versicherungspflichtige Anstellungsverhältnisse ein wichtiger Baustein. Übersteigen diese Arbeitsverhältnisse das finanzielle Volumen der hauptberuflichen Selbständigkeit – wie auch später während einer eventuellen Arbeitslosigkeit – meldet der Künstler der KSK eine Unterbrechung der Selbstständigkeit. Die Unterstützung der KSK ruht dann und wird automatisch nach Beendigung der Unterbrechung wieder aufgenommen. Das bewirkt, dass durchgehend Beiträge zur Renten-, Kranken- und Pflegeversicherung geleistet werden – wie bei jedem regulär Angestellten auch. Allerdings erwirbt man nur durch versicherungspflichtige Anstellungsverhältnisse – oder durch freiwillige Beiträge zur Arbeitslosenversicherung – einen Anspruch auf Arbeitslosengeld.

Wenn die Zeiten, in denen Beiträge zur Arbeitslosenversicherung gezahlt wurden, innerhalb von fünf Jahren mindestens zwölf Monate ergeben, kann Arbeitslosengeld bezogen werden – vgl. § 147, SGB III. Bei Künstlern reichten unter bestimmten Voraussetzungen – zumindest bis Ende 2014 – bereits sechs Monate in versicherungspflichtigen Anstellungsverhältnissen, um den Anspruch auf Arbeitslosengeld zu erwerben – vgl. § 142, SGB III.

Ist der Anspruch auf Arbeitslosengeld einmal erworben, kann der Bezug von Arbeitslosengeld jederzeit durch selbstständige Arbeiten und projektbezogene Anstellungen unterbrochen werden. Der Restanspruch verringert sich dadurch nicht und kann innerhalb von vier Jahren weiter geltend gemacht werden – vgl. § 161, SGB III. Der Anspruch auf Arbeitslosengeld kann also über eine lange Zeit zwischen verschiedenen Engagements genutzt werden. Sind diese Engagements projektbezogene Anstellungsverträge, tragen sie gleichzeitig zum Neuerwerb der Anspruchsberechtigung bei, sodass tatsächlich Kontinuität in der langjährigen Absicherung gewährleistet sein kann.

Während einer Zeit der Arbeitslosigkeit zahlt die Bundesagentur für Arbeit die Beiträge zur Renten-, Kranken- und Pflegeversicherung. Zusätzlich leistet die KSK ggf. ebenfalls Rentenbeiträge, weil sie davon ausgeht, dass in dieser Zeit neue Aufträge akquiriert werden. Es werden also in dieser Zeit doppelt Rentenbeiträge abgeführt. Das schmälert zwar das verfügbare Budget, kommt aber einer guten Absicherung und der Altersvorsorge zugute.

Für alle projektbezogenen Anstellungen gibt es zudem die Absicherung durch die Versorgungsanstalt der deutschen Bühnen (VddB). Pflichtversichert sind hier alle, die in einem abhängigen Beschäftigungsverhältnis bei einer Mitgliedsbühne der VddB stehen und eine überwiegend künstlerische Tätigkeit ausüben. Die Aufgabe der VddB ist es, *„den an deutschen Theatern abhängig beschäftigten und überwiegend künstlerisch tätigen Bühnenangehörigen eine zusätzliche Alters-, Berufsunfähigkeits- und Hinterbliebenenversorgung zu bieten. Der Lebenslauf eines Bühnenangehörigen verläuft zumeist anders als der des klassischen Festangestellten. Die Versicherung bei der VddB trägt den Besonderheiten Rechnung und hilft, Lücken bei der gesetzlichen Rentenversicherung zu schließen. Eine Zwecksetzung, die mit der ‚Riester-Rente‘ auch staatlich gefördert wird. Daneben wird dem erhöhten Berufsunfähigkeitsrisiko von Bühnenkünstlern Rechnung getragen.“*[47]

Funktioniert die Absicherung über KSK, VddB, Arbeitslosenversicherung und andere Vorsorgemaßnahmen nicht – bleiben also ausreichend Aufträge aus, ist das ein sicheres Indiz dafür, dass man die Karriereplanung als Künstler überdenken sollte. Eine faire Chance für jeden.

Aber selbst wenn der Künstler aufgrund seiner Qualifikation sowohl in die KSK aufgenommen wird als auch zu Beginn der Karriere genügend Aufträge für einen ersten Anspruch auf Arbeitslosengeld akquiriert, erwartet ihn eine kompliziert hand-

---

[47] VddB. In: Die Versorgungsanstalt der deutschen Bühnen stellt sich vor. München, 2010.

habbare Bürokratie. Vor diesem Hintergrund ist die Forderung des Deutschen Bühnenvereines, *dies durch eine neue gesetzliche Regelung zu ändern,* mehr als gerechtfertigt und unbedingt aufrechtzuerhalten. Bis es allerdings zu neuen gesetzlichen Regelungen kommt, sollten die Theater – die sowohl künstlerisch als auch wirtschaftlich Nutznießer von gut organisierten und abgesicherten freien Künstlern sind – die Initiative ergreifen. Dazu gehört es, die Realität jedes einzelnen Künstlers zu akzeptieren und bestmöglich zu unterstützen: Künstlern, die sich entschieden haben, vorwiegend freischaffend zu arbeiten, sollten – soweit arbeitsrechtlich zulässig – keine projektbezogenen Anstellungsverhältnisse aufgezwungen werden. Diese nutzen nichts, da höchstwahrscheinlich keine ausreichende Beschäftigungsdauer zustande kommt, um z. B. Anspruch auf Arbeitslosengeld zu erwerben. Alles, was man damit erreicht, ist ein erhöhter bürokratischer Aufwand auf beiden Seiten. Dies gilt allerdings wahrscheinlich für eine Minderheit der Künstler oder Kreativen.

Die meisten darstellenden Künstler werden darauf aus sein, immer genügend projektbezogene Arbeitsverhältnisse abzuschließen, um einen Anspruch auf Bezug von Arbeitslosengeld zu erhalten. Dies sollten die Theater fördern, indem sie Verträge über realistisch bemessene Laufzeiten abschließen. Dabei ist zu bedenken, dass der Künstler nicht nur für die Proben und Vorstellungen zu entlohnen ist, sondern auch für die Zeiten, in denen er sich selbstständig auf die Produktion vorbereitet, sein künstlerisches Kapital – also die Fertigkeiten seines Körpers – trainiert, sowie für die Zeit, die nötig ist, um sich fortzubilden, Folgeaufträge zu akquirieren und die berufliche Selbstständigkeit zu verwalten. Also mehrere Wochen zusätzlich, die neben den tatsächlichen Zeiten vor Ort vergütet bzw. in einem Vertrag berücksichtigt werden sollten.

Eine verlässliche Absicherung und klare Kommunikation des tatsächlichen Bedarfs tragen dazu bei, dass bei Künstlern nicht die Existenzangst im Vordergrund steht, sondern die Konzentration auf die künstlerische Arbeit. Die Absicherung der tatsächlich am Arbeitsmarkt der Theater benötigten Künstler ist daher eine wichtige Qualitätssicherungsmaßnahme.

Wenn als mögliche Folge personellen Veränderungen einige Künstler ihr Talent für die Bühne als zweites Standbein anerkennen und sich parallel auch andere Betätigungsfelder erschließen, wäre das besonders mit Blick auf eine deutliche Flexibilisierung der Ensembles im freiberuflichen Bereich ein willkommener Fortschritt. Erfahrungen am deutschen und besonders am angelsächsischen Markt zeigen, dass dies gut funktionieren kann und gesellschaftlich akzeptiert wird.

Einerseits mehr Besucher zu akquirieren, andererseits faire Arbeitsbedingungen für alle Kulturarbeiter zu schaffen, fordert dem System viel ab. Möglich ist das, wenn konsequent umstrukturiert und Arbeitsweisen optimiert werden. Würden die bestehenden Strukturen beibehalten, wären die beschriebenen Belastungen der Sozialsysteme der Gesellschaft kaum zu vermitteln.

Nur echte, ernsthaft vorangetriebene Reformbemühungen können eine künstlerische und wirtschaftliche Verbesserung bewirken und die größtmögliche Zahl an Arbeitsplätzen langfristig sichern.

Epilog

Direktor:

Leicht ist es vorgelegt, so leicht als ausgedacht.

„Vom zukünftigen Deutschen Bundestag erwartet der Deutsche Bühnenverein eine stärkere Berücksichtigung der Interessen der Theater und Orchester. ‚Es kann nicht sein, dass der Bund tatenlos zusieht, wie [...] Theater [...] durch eine fehlerhafte Landespolitik und nicht ausreichende Finanzausstattung der Kommunen in ihrer Existenz bedroht werden‘, sagte Rolf Bolwin, Direktor des Bühnenvereins [...]. ‚Dieses dauernde Gewürge an manchen Theater- und Orchesterstandorten um ausreichende öffentliche Gelder ist mittlerweile unerträglich und den Mitarbeitern der Betriebe nicht mehr zuzumuten‘, fügte Bolwin hinzu.“[48]
Hier wird deutlich, dass stark unterschiedliche Problemstellungen je nach Haus oder Region bestehen.

Es wäre illusorisch zu glauben, dass mit entsprechend starkem Engagement das gesamte System im Handumdrehen reformiert wäre. Politiker, die den simplen Wunsch nach Einsparungen mit strukturellen Änderungen begründen, sind genauso fehl am Platz wie konservative Theatermacher, die glauben, allein mit genügend Geld könnten sie weiterhin ganz wunderbares Theater kreieren, ohne das System verändern zu müssen.

Zaghafte individuelle Anfänge, Programmatik und Werbung tatsächlich auf unterschiedliche potenzielle Gäste abzustimmen, sind bereits gemacht. Bei Führungsstrukturen gibt es erste vorsichtige Willensbekundungen seitens der Politik. Auch wenn nach wie vor der klassische Intendant für die Besetzung der

---

[48] Deutscher Bühnenverein (Hg.): Pressemitteilung vom 18.09.2013: Erwartungen nach der Wahl. Köln 2013.

Leitungsfunktion gesucht wird, kann man auch erfreuliche Formulierungen in Stellenausschreibungen finden, wie ein Beispiel des Theaters Trier verdeutlicht: *„Das Theater [...] sucht [...] einen Intendanten mit Managementschwerpunkt. [...] Es ist geplant, das derzeit noch als Amt geführte Haus [...] in eine eigenständige Rechtsform zu überführen. [...] Der neue Intendant [...] soll das Haus im Rahmen der zur Verfügung stehenden Haushaltsmittel wirtschaftlich führen und verwalten. Hierzu ist eine zeitgemäße Theaterorganisation umzusetzen (Gesamtkonzeption zur Neustrukturierung und Neuausrichtung des Hauses mit dem Ziel der Verbesserung von Betriebsabläufen und Steigerung der Effektivität), wie sie mit der und in der neuen Rechtsform möglich wird.“*[49]

Solche und weitere Schritte hin zu einer effizienten Organisationsstruktur können in erforderlichem Umfang nur die Finanziers des Systems initiieren – die Gesellschaft, vertreten durch die Politik. In den Reihen der Theaterprofis werden sich aufgeschlossene, modern denkende Mitstreiter finden, die die Politik dabei unterstützen.

Möglicherweise gibt es Bundesländer und Kommunen, für die all diese Überlegungen noch irrelevant scheinen, da die Ausgaben für Kultur und Theater dort noch konstant hoch gehalten werden oder sogar steigen. Ein effizientes System scheint dort noch nicht relevant, weil ausreichend Geld bereitgestellt wird, um auftretende finanzielle und qualitative Defizite sowie ineffiziente Strukturen zu verschleiern.

Wenn es also nicht um den schieren Erhalt der kulturellen Infrastruktur und ihrer Inhalte oder um gesichertes Auskommen von Künstlern geht, könnten dort durch Umstrukturierung und Kooperationen frei werdende Ressourcen vollständig für die Gewinnung zusätzlicher Publikumsschichten, eine höhere Qualität und die optimale Auslastung bestehender Platzkapazitäten verwendet werden. Die gesteigerte *Rendite* – nicht nur hinsichtlich der Umwegrentabilität – würde sich langfristig auszahlen.

---

[49] Theater Trier: Stellenausschreibung: Intendant mit Managementschwerpunkt. Trier, November 2013.

In anderen Fällen gibt es Bundesländer und Kommunen, die mit Blick auf vorhandene Optimierungspotenziale möglicherweise die von der Schließung bedrohten kulturellen Einrichtungen erhalten könnten, wenn sie in einer möglichst großen Gemeinschaft den skizzierten Vorschlägen folgten.

Politiker in beiden Situationen sind aufgefordert, den Mut aufzubringen, konsequent den Nutzen für die Gesellschaft voranzubringen.

Wer Theater weiterhin als rein lokales Phänomen betrachtet und eine grundsätzliche Umstrukturierung nicht für nötig erachtet, wird früher oder später von den Entwicklungen eingeholt. Nach und nach werden Theater in ihrer jetzigen Form aufgrund mangelnder öffentlicher Akzeptanz geschlossen werden. Theaterkritiker Dirk Pilz in der Berliner Zeitung: *„Blickt man auf die Entwicklung der letzten 50 Jahre in der Bundesrepublik, sinken die Zuschauerzahlen um gut eine Million pro Jahrzehnt."* Vor dem Hintergrund dieser Realität wird ein Handlungszwang auch jenseits von qualitativen und künstlerischen Überlegungen umso dringender.

Das Know-how, um die in diesem Buch skizzierten zeitgemäßen Strukturen und Prozesse Wirklichkeit werden zu lassen, ist vorhanden. Jetzt braucht es auf allen betroffenen Ebenen von Politik und Theatern kommunikatives Handeln und den Willen zur Zusammenarbeit, um Verantwortung für eine zukunftsfähige, moderne Theaterstruktur zu übernehmen.

Direktor:

Der Worte sind genug gewechselt,
Laßt mich auch endlich Taten sehn!

Anhang – Der Repertoire-Block-Ensuite-Betrieb

Die real gespielte Saison 2013/2014 eines Baden-Württembergischen städtischen Mehrspartenhauses wird nachfolgend tabellarisch einem fiktiven, nach den Vorschlägen dieses Buches strukturierten, Block-Ensuite-Repertoire-Spielplan gegenübergestellt. Der reale Spielplan beinhaltet dabei lediglich sämtliche tatsächlich gespielten Aufführungen des Stadttheaters. Im fiktiven Block-Repertoire sind zusätzlich auch die Zeiten für Bühnenproben und technischen Einrichtungen skizziert.

Premieren und Voraufführungen sind jeweils hervorgehoben. Die Gesamtzahl der Aufführungen jeder Produktion innerhalb der gesamten Spielzeit ist in beiden Plänen exakt identisch gehalten. Dies ermöglicht einen direkten Vergleich der beiden Systeme.

Begriffsdefinitionen und verwendete Abkürzungen:

Einbau = technischer Umbau
Nach der letzten Vorstellung des vorangegangenen Blocks bis zur ersten Technischen Einrichtung des neuen Blocks werden Bühnenbild und Technik im mehrschichtigen Betrieb mit Unterstützung externer Dienstleister für den neuen Block umgebaut.

TE = Technische Einrichtung
Am Beginn jeder Produktionsphase auf der Bühne steht die Technische Einrichtung. Auf den generellen Einbau des Block-Sets folgen die individuellen Technischen Einrichtungen jeder Produktion. Produktionsspezifische Technik wird dabei auf ihre fehlerfreie, sichere und korrekte Funktion für den szenischen Einsatz geprüft und ggf. von einem externen Dienstleister an die lokale Mannschaft übergeben.

Am Ende jeder Technischen Einrichtung sollten sämtliche bereits mögliche sicherheitsrelevanten Abnahmen stehen. Die finalen Abnahmen finden in der Regel im Endprobenprozess statt.

Auch der Fokus von Scheinwerfern ist ein Element der Technischen Einrichtung. Dieser kann sich aber bis zu den Dry Tech's hinziehen.

DT = Dry Tech (technische Probe ohne Künstler)
Der Übergang zur Technischen Einrichtung ist oft fließend. In den Dry Tech's werden alle technischen Abstimmungen zwischen den Gewerken koordiniert und technische Abläufe in Echtzeit ohne Künstler geprobt. Schwerpunkte sind dabei in der Regel alle bühnentechnischen Verwandlungen sowie die Übernahme und Anpassung von virtuell vorprogrammiertem Licht, Video oder Maschinenbewegungen.

Am Ende soll der technische Ablauf einer Aufführung in möglichst allen Details programmiert und mit dem entsprechenden technischen Personal geprobt sein. Die Dry Tech's sind also das Pendant der Bühnengewerke zur künstlerischen Arbeit der Darsteller in den Probenräumen. Jeder probt seinen Teil der Aufführung so gut wie möglich, bevor man gemeinsam alle Elemente zusammenführt. Das garantiert minimale Leerläufe im Endprobenprozess, weil alle einander optimal vorbereitet begegnen.

Die Leitung der Dry Tech's hat die mit allen Details des Produktionsablaufs vertraute Stage Management Abteilung.

AP = Ablaufprobe
Auch in den Ablaufproben obliegt die Leitung dem Stage Management in enger Zusammenarbeit mit den verantwortlichen technischen Bühnenvorständen bzw. Sicherheitsingenieuren. Diese Proben finden bei hellem Arbeitslicht statt und enthalten alle relevanten Sicherheitseinweisungen. Die Künstler markieren dabei ihre Wege und Positionen und machen sich mit technischen Bewegungen, Quick-Change-Positionen, sicheren Umgängen, möglichen Gefahrenquellen etc. vertraut. Anspruchsvolle technische Bewegungen oder dunkle Szenen, werden nach Sicherheitseinweisung und Proben im Arbeitslicht zusätzlich im vorprogrammierten szenischen Licht gestellt.

100

Ziel der Ablaufproben ist, dass alle Künstler mit den Realitäten auf der Bühne vertraut sind, sich im Vorstellungsablauf zurechtfinden und Gefahren minimiert werden. So ist gewährleistet, dass die folgenden Bühnenproben möglichst reibungslos ablaufen und der Fokus auf dem künstlerischen Produkt liegen kann.

BP = Bühnenprobe

Ab den Bühnenproben übernimmt der Regisseur die Probenleitung. Das Stage Management unterstützt dabei als zentrale Anlaufstelle die Koordination sämtlicher Abläufe. Üblicherweise wird in den Bühnenproben das gesamte Stück in mehr oder weniger chronologischer Reihenfolge durchgearbeitet. Oft liegen dabei die Schwerpunkte auf szenischen Übergängen oder technischen Abläufen, die im Probenraum nicht adäquat realisiert werden konnten.

Da die Darsteller bei den Bühnenproben an den korrekten Positionen stehen bzw. tatsächlich szenische Abläufe proben, sind dies ideale Proben für den Lichtdesigner, um den Großteil der Lichtwechsel anzupassen bzw. zu programmieren. Dies gilt auch für Bühnen-Orchester-Proben.

BO   = Bühnen-Orchester-Probe
HP   = Hauptprobe
KHP = Klavier-Hauptprobe
OHP = Orchester-Hauptprobe
GP   = Generalprobe

Diese Begrifflichkeiten werden als bekannter Standard vorausgesetzt und sind inhaltlich klar umrissen. Die Probenleitung obliegt dem Regisseur bzw. Musikalischen Leiter oder Choreograph in jeweils enger Kooperation mit dem Stage Management.

VA = Voraufführung

Voraufführungen, Tryouts oder Previews gehören zum Probenprozess, obwohl sie zu besonderen Konditionen bereits im Verkauf sind. Ein schnell auswertbares Feedback-Tool für Publikumsbefragungen könnte neben den eigenen Eindrücken aus dem Saal weitere relevante Daten liefern.

Das Kreativteam trifft sich gemeinsam mit dem Produzenten nach der Voraufführung oder am Folgetag und bewertet, ob die gesteckten Ziele der Produktion erreicht wurden. In eng begrenztem Rahmen sind Änderungen vor der Premiere noch möglich. Gemeinsam definierte Änderungswünsche setzt das Stage Management in einen Probenplan um.

Da es bei Voraufführungen für alle Beteiligten auch darum geht, Routine zu bekommen, ist der Zeitrahmen für Änderungen bewusst kompakt gestaltet. Aber oft lässt sich mit kleinen Anpassungen, wie z. B. Kürzungen, eine große Wirkung erzielen. Dazu sind nach jeder Voraufführung Korrekturproben vorgesehen.

In der nachfolgenden Tabelle sind pro Produktion des Block-Ensuite-Repertoire-Spielplans jeweils zwei zusätzliche Voraufführungen disponiert, die nicht der Gesamtzahl der hier gegenübergestellten Vorstellungen zugeordnet werden, da sie im Kontext des Block-Ensuite-Repertoire-Spielplans als Probe definiert sind. Trotzdem wird, neben wertvollen inhaltlichem Feedback, bereits Umsatz generiert und die faktische Vorstellungsanzahl dadurch erhöht.

KP = Korrekturprobe

Korrekturproben dienen dazu, die in einer Voraufführung erkannten Defizite zu minimieren. Dabei muss es sich keineswegs immer um künstlerische Änderungen handeln. Eine Korrekturprobe kann sich auch auf die Verbesserung einzelner Elemente beziehen – seien es optische Nachbesserungen am Bühnenbild, überarbeitete Lichtprogrammierung, der Ablauf eines bestimmten Überganges oder musikalische Nachstudierungen.

P = Premiere

Nach der Generalprobe ist die Premiere in der nachfolgenden Tabelle bereits jeweils die dritte Aufführung des Block-Ensuite-Repertoire-Spielplans und kann in routinierten Abläufen sicher stattfinden.

In der nachfolgenden Tabelle sind jeweils komplett zur Verfügung stehende Tage für eine externe Drittnutzung der Bühne vermerkt. Wenn im Block-Ensuite-Repertoire-Spielplan Proben erst um 15 Uhr beginnen oder lediglich Vorstellungen am Abend angesetzt sind, steht die Zeit davor ebenfalls für Drittnutzungen zur Verfügung, da Umbauten und Proben anderer Produktionen innerhalb eines Blockes nicht nötig sind.

Auf die beispielhaft als Block-Repertoire dargestellte Saison gesehen, stehen 55 komplette Tage und rund 100 Vormittage – großteils inklusive der Nachmittage – für eine Drittnutzung wie z. B. Gastspiele oder Firmenveranstaltungen zur Verfügung. Ein kleiner Teil dieser Zeit wird für Qualitätssicherungsmaßnahmen wie z. B. Wartungsarbeiten oder die Nachstudierung von Künstlern benötigt. Zusätzlichen stehen am Beginn von Block 3 weitere 13 Tage Theaterferien zur Verfügung, die ebenfalls zur Drittnutzung verwendet werden könnten.

Das verdeutlicht, dass wesentlich mehr Zeit und Raum bleibt für zusätzliche Proben, weitere Vorstellungen oder intensive Drittnutzungen. Die ca. sechswöchigen Theaterferien im Sommer sind in den oben genannten Ausführungen noch nicht berücksichtigt und bieten – neben den technischen Umbauten – weitere Optionen für mehrwöchige Nutzungskonzepte.

Produktionsbezeichnungen der nachfolgenden Tabelle:

Oper1   *= erste Opernproduktion*
Oper2   *= zweite Opernproduktion*
etc.

Schauspiel1 = erste Schauspielproduktion
Schauspiel2 = zweite Schauspielproduktion
etc.

Ballett1   *= erste Ballettproduktion*
Ballett2   *= zweite Ballettproduktion*
etc.

Kinder   *= Märchenproduktion für Kinder*
Musical   *= Musicalproduktion*
Operette   *= Operettenproduktion*
Konzert   *= Konzert des Philharmonischen Orchesters*

Theaterferien bis 15. September

Block 1 – 16. September 2013 bis 10. November 2013

Oper1:　　　　　*16 Aufführungen*
Schauspiel1:　*15 Aufführungen*
Ballett1:　　　　*7 Aufführungen*

Datum	Zeit	Block-Repertoire	Zeit	Spielplan real
Mo, 16.9.		Einbau		Schließtag
Di, 17.9.		Einbau		Schließtag
Mi, 18.9.		TE Oper1		Schließtag
Do, 19.9.		DT Oper1		Schließtag
Fr, 20.9.	10	AP Oper1		Schließtag
	17	TE Schauspiel1		
Sa, 21.9.	10	BP Oper1		Schließtag
	17	TE Schauspiel1		
So, 22.9.		Drittnutzung		Schließtag
Mo, 23.9.	10	BO Oper1		Schließtag
	15	DT Schauspiel1		
Di, 24.9.	10	KHP Oper1		Schließtag
	15	AP Schauspiel1		
Mi, 25.9.	10	OHP Oper1		Schließtag
	15	BP Schauspiel1		
Do, 26.9.	10	GP Oper1	19	**P Oper1**
	15	BP Schauspiel1		
Fr, 27.9.	10	TE Ballett1		Schließtag
	19	**VA1 Oper1**		
Sa, 28.9.	10	DT Ballett1		Schließtag
	19	KP Oper1		
So, 29.9.	**18**	**VA2 Oper1**		Schließtag

Datum	Zeit	Block-Repertoire	Zeit	Spielplan real
Mo, 30.9.	10	AP Ballett1		Schließtag
	15	KP Oper1		
	19	HP1 Schauspiel1		
Di, 1.10.	10	BP Ballett1	20	Oper1
	14	HP2 Schauspiel1		
	19	**P Oper1**		
Mi, 2.10.	10	BP Ballett1		Schließtag
	17	GP Schauspiel1		
Do, 3.10.	19	Oper1	**19**	**P Schauspiel1**
Fr, 4.10.	10	HP1 Ballett1	20	Oper1
	19	**VA1 Schauspiel1**		
Sa, 5.10.	10	HP2 Ballett1		Schließtag
	15	KP Schauspiel1		
	19	Oper1		
So, 6.10.	**18**	**VA2 Schauspiel1**	19	Schauspiel1
Mo, 7.10.	19	GP Ballett1		Schließtag
Di, 8.10.	14	KP Schauspiel1		Schließtag
	19	**VA1 Ballett1**		
Mi, 9.10.	14	KP Ballett1		Schließtag
	19	**P Schauspiel1**		
Do, 10.10.	14	KP Ballett1	20	Oper1
	19	**VA2 Ballett1**		
Fr, 11.10.	14	KP Ballett1	20	Schauspiel1
	19	Oper1		
Sa, 12.10.	**19**	**P Ballett1**		Schließtag
So, 13.10.	14	Schauspiel1	14	Schauspiel1
	18	Oper1		
Mo, 14.10.		Drittnutzung		Schließtag
Di, 15.10.	19	Ballett1		Schließtag
Mi, 16.10.	19	Schauspiel1	20	Oper1
Do, 17.10.	19	Ballett1	**20**	**P Ballett1**
Fr, 18.10.	19	Oper1	20	Schauspiel1

Datum	Zeit	Block-Repertoire	Zeit	Spielplan real
Sa, 19.10.	15 19	Schauspiel1 Ballett1	19	Oper1
So, 20.10.	14 18	Oper1 Schauspiel1	19	Ballett1
Mo, 21.10.		Drittnutzung		Schließtag
Di, 22.10.		Drittnutzung	20	Schauspiel1
Mi, 23.10.	19	Oper1	20	Oper1
Do, 24.10.	19	Schauspiel1		Schließtag
Fr, 25.10.	19	Oper1	20	Schauspiel1
Sa, 26.10.	15 19	Schauspiel1 Oper1	19	Oper1
So, 27.10.	14 18	Schauspiel1 Ballett1	19	Ballett1
Mo, 28.10.		Drittnutzung		Schließtag
Di, 29.10.	19	Oper1		Schließtag
Mi, 30.10.	19	Schauspiel1		Schließtag
Do, 31.10.	19	Oper1	20	Schauspiel1
Fr, 1.11.		Drittnutzung		Schließtag
Sa, 2.11.	15 19	Schauspiel1 Ballett1	19	Schauspiel1
So, 3.11.	14 18	Oper1 Schauspiel1	19	Oper1
Mo, 4.11.		Drittnutzung		Schließtag
Di, 5.11.	19	Oper1		Schließtag
Mi, 6.11.	19	Schauspiel1	20	Schauspiel1
Do, 7.11.	19	Oper1	**20**	**P Oper2**
Fr, 8.11.	19	Schauspiel1		Schließtag
Sa, 9.11.	15 19	Schauspiel1 Ballett1	19	Oper2
So, 10.11.	14 18	Schauspiel1 Oper1	19	Schauspiel1

Block 2 – 11. November 2013 bis 06. Januar 2014

Oper2:   *15 Aufführungen*
Musical: *18 Aufführungen*
Kinder: *38 Aufführungen*
Konzert: *8 Aufführungen*

Datum	Zeit	Block-Repertoire	Zeit	Spielplan real
Mo, 11.11.		Einbau		Schließtag
Di, 12.11.		Einbau	20	Oper2
Mi, 13.11.		TE Oper2	20	Schauspiel1
Do, 14.11.		DT Oper2		Schließtag
Fr, 15.11.	10	AP Oper2	20	Oper1
	17	TE Musical		
Sa, 16.11.	10	BP Oper2	19	Oper2
	17	TE Musical		
So, 17.11.		Drittnutzung	14	Schauspiel1
Mo, 18.11.	10	BO Oper2		Schließtag
	15	DT Musical		
Di, 19.11.	10	KHP Oper2		Schließtag
	15	AP Musical		
Mi, 20.11.	10	OHP Oper2	11	**P Kinder**
	15	BP Musical		
Do, 21.11.	10	GP Oper2	20	Oper2
	15	BP Musical		
Fr, 22.11.	10	TE Kinder	11	Kinder
	19	**VA1 Oper2**	13	Kinder
			20	Ballett1
Sa, 23.11.	10	DT Kinder	17	Kinder
	19	KP Oper2	19	Kinder
So, 24.11.	**18**	**VA2 Oper2**		Drittnutzung

Datum	Zeit	Block-Repertoire	Zeit	Spielplan real
Mo, 25.11.	10	AP Kinder		Schließtag
	15	KP Oper2		
	19	KHP Musical		
Di, 26.11.	10	BP Kinder		Schließtag
	19	**P Oper2**		
Mi, 27.11.	10	BP Kinder		Schließtag
	17	OHP Musical		
Do, 28.11.	10	HP1 Kinder		
	14	GP Musical	18	Oper2
	19	Oper2		
Fr, 29.11.	10	HP2 Kinder		
	19	**VA1 Musical**	20	Oper1
Sa, 30.11.	10	GP Kinder		
	14	KP Musical	19	Schauspiel1
	19	Oper2		
So, 1.12.	**18**	**VA2 Musical**	19	Oper2
Mo, 2.12.	**10**	**VA1 Kinder**		Schließtag
	15	KP Musical		
Di, 3.12.	14	KP Kinder		Schließtag
	19	**P Musical**		
Mi, 4.12.	**11**	**VA2 Kinder**	11	Kinder
	19	Oper2	13	Kinder
			20	Oper2
Do, 5.12.	14	KP Kinder		
	19	Musical	**20**	**P Musical**
Fr, 6.12.	**11**	**P Kinder**	11	Kinder
	13	Kinder	13	Kinder
	20	Oper2	20	Oper2
Sa, 7.12.	15	Musical		
	19	Musical	19	Schauspiel1
So, 8.12.	14	Kinder		
	19	Oper2	14	Oper2

Datum	Zeit	Block-Repertoire	Zeit	Spielplan real
Mo, 9.12.	11 13 15	Kinder Kinder Kinder	11 13	Kinder Kinder
Di, 10.12.	11 13 19	Kinder Kinder Musical	9 11 20	Kinder Kinder Musical
Mi, 11.12.	11 13 19	Kinder Kinder Oper2	11 13 20	Kinder Kinder Oper2
Do, 12.12.	11 13 19	Kinder Kinder Musical	11 13 20	Kinder Kinder Musical
Fr, 13.12.	11 13 19	Kinder Kinder Oper2	20	Oper2
Sa, 14.12.	14 16	Kinder Kinder	17 19	Kinder Kinder
So, 15.12.		Drittnutzung	20	Oper1
Mo, 16.12.	9 11 13	Kinder Kinder Kinder	11 13	Kinder Kinder
Di, 17.12.	11 13 19	Kinder Kinder Musical	9 11	Kinder Kinder
Mi, 18.12.	11 13 19	Kinder Kinder Oper2	9 11 20	Kinder Kinder Musical
Do, 19.12.	11 13 19	Kinder Kinder Musical	11 13	Kinder Kinder
Fr, 20.12.	9 11 19	Kinder Kinder Oper2	9 11	Kinder Kinder

Datum	Zeit	Block-Repertoire	Zeit	Spielplan real
Sa, 21.12.		Drittnutzung		Drittnutzung
So, 22.12.	11	Kinder	11	Kinder
	13	Kinder	13	Kinder
	19	Oper2		
Mo, 23.12.		Drittnutzung		Schließtag
Di, 24.12.		Schließtag		Schließtag
Mi, 25.12.	13	Kinder		
	15	Musical	19	Oper1
	19	Oper2		
Do, 26.12.	11	Kinder	11	Kinder
	13	Kinder	13	Kinder
	16	Musical	19	Oper2
	19	Musical		
Fr, 27.12.	16	Kinder	20	Musical
	19	Oper2		
Sa, 28.12.	15	Musical	19	Oper1
	19	Musical		
So, 29.12.	11	Kinder	11	Kinder
	13	Kinder	13	Kinder
	15	Oper2	19	Musical
	19	Musical		
Mo, 30.12.		Drittnutzung		Schließtag
Di, 31.12.	18	Oper2	15	Musical
	21	Musical	20	Musical
Mi, 1.1.	**11**	**P Konzert**	**18**	**P Konzert**
	18	Konzert		
Do, 2.1.	11	Kinder		
	15	Konzert		Schließtag
	19	Musical		
Fr, 3.1.	15	Kinder	20	Oper2
	19	Musical		
Sa, 4.1.	14	Konzert	19	Musical
	19	Konzert		

Datum	Zeit	Block-Repertoire	Zeit	Spielplan real
So, 5.1.	11	Kinder	11	Kinder
	15	Konzert	19	Ballett1
	19	Musical		
Mo, 6.1.	11	Konzert	11	Konzert
	16	Konzert	19	Konzert

Block 3 – 20. Januar 2014 bis 06. April 2014

Option für zusätzliche Theaterferien von 07. Bis 19. Januar

Operette: *16 Aufführungen*
Schauspiel2: *16 Aufführungen*
Oper3:   *12 Aufführungen*

Datum	Zeit	Block-Repertoire	Zeit	Spielplan real
Di, 7.1.		Theaterferien		Schließtag
Mi, 8.1.		Theaterferien		Schließtag
Do, 9.1.		Theaterferien		Schließtag
Fr, 10.1.		Theaterferien	20	Musical
Sa, 11.1.		Theaterferien	19	Ballett1
So, 12.1.		Theaterferien	14	Oper1
Mo, 13.1.		Theaterferien		Schließtag
Di, 14.1.		Theaterferien		Schließtag
Mi, 15.1.		Theaterferien	11 13 20	Kinder Kinder Musical
Do, 16.1.		Theaterferien	20	Konzert
Fr, 17.1.		Theaterferien		Schließtag
Sa, 18.1.		Theaterferien	19	Musical
So, 19.1.		Theaterferien	11 19	Konzert Konzert
Mo, 20.1.		Einbau		Schließtag
Di, 21.1.		Einbau		Schließtag
Mi, 22.1.		TE Operette	20	Ballett1
Do, 23.1.		DT Operette	**19**	**P Operette**
Fr, 24.1.	10 17	AP Operette TE Schauspiel2	20	Musical

Datum	Zeit	Block-Repertoire	Zeit	Spielplan real
Sa, 25.1.	10	BP Operette	18	Oper2
	17	TE Schauspiel2		
So, 26.1.		Drittnutzung	11	Konzert
			19	Konzert
Mo, 27.1.	10	BO Operette		Schließtag
	15	DT Schauspiel2		
Di, 28.1.	10	KHP Operette	19	Operette
	17	AP Schauspiel2		
Mi, 29.1.	10	OHP Operette		Schließtag
	17	BP Schauspiel2		
Do, 30.1.	10	GP Operette		Schließtag
	15	BP Schauspiel2		
Fr, 31.1.	10	TE Oper3	19	Operette
	19	**VA1 Operette**		
Sa, 1.2.	10	DT Oper3	19	Musical
	18	KP Operette		
So, 2.2.	**10**	**VA2 Operette**	19	Oper1
Mo, 3.2.	10	AP Oper3		Schließtag
	15	KP Operette		
	19	HP1 Schauspiel2		
Di, 4.2.	10	BP Oper3		Schließtag
	19	**P Operette**		
Mi, 5.2.	10	BP Oper3	19	Operette
	17	HP2 Schauspiel2		
Do, 6.2.	10	KHP Oper3	**20**	**P Schauspiel2**
	15	GP Schauspiel2		
	19	Operette		
Fr, 7.2.	10	OHP Oper3	19	Operette
	19	**VA1 Schauspiel2**		
Sa, 8.2.	10	GP Oper3	19	Schauspiel2
	15	KP Schauspiel2		
	19	Operette		
So, 9.2.	**18**	**VA2 Schauspiel2**	14	Musical

Datum	Zeit	Block-Repertoire	Zeit	Spielplan real
Mo, 10.2.	15 **19**	KP Schauspiel2 **VA1 Oper3**		Schließtag
Di, 11.2.	15 **19**	KP Oper3 **P Schauspiel2**		Drittnutzung
Mi, 12.2.	**19**	**VA2 Oper3**		Schließtag
Do, 13.2.	15 19	KP Oper3 Operette	19	Operette
Fr, 14.2.	**19**	**P Oper3**		Drittnutzung
Sa, 15.2.	15 19	Schauspiel2 Operette	19	Schauspiel2
So, 16.2.	14 18	Oper3 Schauspiel2	14	Musical
Mo, 17.2.		Drittnutzung		Schließtag
Di, 18.2.		Drittnutzung	20	Schauspiel2
Mi, 19.2.	19	Operette	19	Operette
Do, 20.2.	19	Oper3		Drittnutzung
Fr, 21.2.	19	Operette	20	Schauspiel2
Sa, 22.2.	19	Operette	19	Operette
So, 23.2.	14 18	Oper3 Schauspiel2	19	Schauspiel2
Mo, 24.2.		Drittnutzung		Schließtag
Di, 25.2.		Drittnutzung		Schließtag
Mi, 26.2.	19	Oper3		Schließtag
Do, 27.2.	19	Schauspiel2	20	Schauspiel2
Fr, 28.2.	19	Operette	19	Operette
Sa, 1.3.	19	Operette	19	Musical
So, 2.3.	14 18	Schauspiel2 Oper3	14	Schauspiel2
Mo, 3.3.		Drittnutzung		Schließtag
Di, 4.3.		Drittnutzung		Schließtag
Mi, 5.3.		Drittnutzung	20	Schauspiel2
Do, 6.3.	19	Oper3	**20**	**P Oper3**

Datum	Zeit	Block-Repertoire	Zeit	Spielplan real
Fr, 7.3.	19	Operette	20	Schauspiel2
Sa, 8.3.	19	Schauspiel2	19	Operette
So, 9.3.	14	Operette	14	Schauspiel2
	18	Schauspiel2		
Mo, 10.3.		Drittnutzung		Drittnutzung
Di, 11.3.		Drittnutzung	20	Oper3
Mi, 12.3.		Drittnutzung	20	Schauspiel2
Do, 13.3.	11	Schauspiel2	11	Schauspiel2
	19	Oper3	20	Oper3
Fr, 14.3.	19	Schauspiel2		Schließtag
Sa, 15.3.	19	Operette	19	Schauspiel2
So, 16.3.	14	Schauspiel2	19	Oper3
	18	Oper3		
Mo, 17.3.		Drittnutzung		Schließtag
Di, 18.3.		Drittnutzung		Schließtag
Mi, 19.3.		Drittnutzung		Schließtag
Do, 20.3.	19	Schauspiel2		Schließtag
Fr, 21.3.	19	Operette	20	Schauspiel2
Sa, 22.3.	19	Oper3	19	Operette
So, 23.3.	14	Operette	19	Musical
	18	Schauspiel2		
Mo, 24.3.		Drittnutzung		Schließtag
Di, 25.3.		Drittnutzung		Schließtag
Mi, 26.3.		Drittnutzung	20	Oper3
Do, 27.3.	19	Operette	**20**	**P Ballett2**
Fr, 28.3.	19	Schauspiel2	20	Oper3
Sa, 29.3.	19	Oper3		Schließtag
So, 30.3.	14	Operette	14	Operette
Mo, 31.3.		Drittnutzung		Schließtag
Di, 1.4.		Drittnutzung		Schließtag
Mi, 2.4.		Drittnutzung		Schließtag

Datum	Zeit	Block-Repertoire	Zeit	Spielplan real
Do, 3.4.	19	Schauspiel2	20	Schauspiel2
Fr, 4.4.	19	Operette	20	Ballett2
Sa, 5.4.	15	Schauspiel2	19	Ballett2
	19	Oper3		
So, 6.4.	14	Operette	19	Operette
	18	Schauspiel2		

Block 4 – 07. April 2014 bis 20. Juli 2014

Ballett2:   *14 Aufführungen*
Schauspiel3:   *14 Aufführungen*
Oper4:   *13 Aufführungen*
Schauspiel4:   *11 Aufführungen*
Oper5:   *5 Aufführungen (z. B. auf der Vorbühne)*
Operettengala: *3 Aufführungen (nur eingeschränkte Proben)*
Ballettschulgala: *2 Aufführungen (nur eingeschränkte Proben)*

Datum	Zeit	Block-Repertoire	Zeit	Spielplan real
Mo, 7.4.		Einbau		Schließtag
Di, 8.4.		Einbau		Schließtag
Mi, 9.4.		TE Ballett2	19	Operette
Do, 10.4.		DT Ballett2	**20**	**P Schauspiel3**
Fr, 11.4.	10	AP Ballett2	20	Oper3
	17	TE Schauspiel3		
Sa, 12.4.	10	BP Ballett2	19	Schauspiel3
	17	TE Schauspiel3		
So, 13.4.		Drittnutzung	14	Operette
Mo, 14.4.	10	BO Ballett2		Schließtag
	15	DT Schauspiel3		
Di, 15.4.	10	HP1 Ballett2	20	Ballett2
	15	AP Schauspiel3		
Mi, 16.4.	10	HP2 Ballett2	20	Oper3
	15	BP Schauspiel3		
Do, 17.4.	10	GP Ballett2		Schließtag
	14	TE Oper4		
Fr, 18.4.		Drittnutzung		Schließtag
Sa, 19.4.		DT Oper4		Schließtag
So, 20.4.	18	**VA1 Ballett2**	20	**P Operettengala**
Mo, 21.4.		Drittnutzung		Schließtag

Datum	Zeit	Block-Repertoire	Zeit	Spielplan real
Di, 22.4.	10	AP Oper4		Schließtag
	15	KP Ballett2		
	19	HP1 Schauspiel3		
Mi, 23.4.	14	HP2 Schauspiel3	20	Schauspiel3
	19	**VA2 Ballett2**		
Do, 24.4.	10	BP Oper4	20	Ballett2
	17	KP Ballett2		
Fr, 25.4.	10	KHP Oper4	20	Oper3
	14	GP Schauspiel3		
	19	**P Ballett2**		
Sa, 26.4.	10	OHP Oper4	19	Ballett2
	19	**VA1 Schauspiel3**		
So, 27.4.	14	Ballett2	19	Schauspiel3
Mo, 28.4.	10	GP Oper4		Schließtag
	14	KP Schauspiel3		
	19	Ballett2		
Di, 29.4.	**18**	**VA2 Schauspiel3**		Schließtag
Mi, 30.4.	14	KP Schauspiel3		Schließtag
	19	**VA1 Oper4**		
Do, 1.5.		Drittnutzung		Schließtag
Fr, 2.5.	14	KP Oper4	20	Schauspiel3
	19	**P Schauspiel3**		
Sa, 3.5.	19	Ballett2	19	Oper3
So, 4.5.	**19**	**VA2 Oper4**	19	Operettengala
Mo, 5.5.	10	BP Operettengala		Schließtag
	14	KP Oper4		
	19	Ballett2		
Di, 6.5.	10	BP Operettengala		Schließtag
	19	**P Oper4**		
Mi, 7.5.	18	Schauspiel3	20	Schauspiel3
Do, 8.5.	14	GP Operettengala	**20**	**P Oper4**
	19	Oper4		

Datum	Zeit	Block-Repertoire	Zeit	Spielplan real
Fr, 9.5.	10 **19**	TE Schauspiel4 **P Operettengala**	20	Ballett2
Sa, 10.5.	10 19	DT Schauspiel4 Oper4	19	Schauspiel3
So, 11.5.	18	Schauspiel3	19	Operette
Mo, 12.5.		Drittnutzung		Schließtag
Di, 13.5.		Drittnutzung	11 20	Schauspiel3 Schauspiel3
Mi, 14.5.	19	Oper4	20	Ballett2
Do, 15.5.	10 19	AP Schauspiel4 Operettengala	20	Oper4
Fr, 16.5.	10 19	BP Schauspiel4 Ballett2	20	Schauspiel3
Sa, 17.5.	10 19	HP1 Schauspiel4 Ballett2		Schließtag
So, 18.5.	14 18	Oper4 Schauspiel3	19	Ballett2
Mo, 19.5.		Drittnutzung		Schließtag
Di, 20.5.		Drittnutzung		Schließtag
Mi, 21.5.		Drittnutzung		Schließtag
Do, 22.5.	10 19	HP2 Schauspiel4 Ballett2	18	Schauspiel3
Fr, 23.5.	10 19	GP Schauspiel4 Operettengala	20	Oper4
Sa, 24.5.	19	Oper4	19	Ballett2
So, 25.5.	**18**	**VA1 Schauspiel4**	14	Oper3
Mo, 26.5.		Drittnutzung		Schließtag
Di, 27.5.	10	TE Oper5		Schließtag
Mi, 28.5.	14 19	KP Schauspiel4 Oper4		Schließtag
Do, 29.5.	**19**	**VA2 Schauspiel4**	19	P Schauspiel4

Datum	Zeit	Block-Repertoire	Zeit	Spielplan real
Fr, 30.5.	14	KP Schauspiel4	20	Schauspiel3
	19	Oper4		
Sa, 31.5.	10	DT Oper5	19	Oper3
	19	Ballett2		
So, 1.6.	14	Oper4		Drittnutzung
	18	**P Schauspiel4**		
Mo, 2.6.		Drittnutzung		
Di, 3.6.		Drittnutzung	20	Schauspiel4
Mi, 4.6.	10	AP Oper5	20	Oper4
	19	Ballett2		
Do, 5.6.	10	BP Oper5	20	Schauspiel3
	19	Schauspiel4		
Fr, 6.6.	10	KHP Oper5	11	Schauspiel3
	19	Ballett2	20	Oper4
Sa, 7.6.	19	Oper4	19	Operettengala
So, 8.6.	18	Schauspiel4	19	Schauspiel4
Mo, 9.6.		Drittnutzung		Schließtag
Di, 10.6.		Drittnutzung		Schließtag
Mi, 11.6.		Drittnutzung	20	Oper4
Do, 12.6.	10	OHP Oper5		Schließtag
	19	Schauspiel3		
Fr, 13.6.	10	GP Oper5	20	Ballett2
	19	Schauspiel3		
Sa, 14.6.	19	Ballett2	19	Oper4
So, 15.6.	14	Schauspiel4	14	Ballett2
	18	**VA1 Oper5**		
Mo, 16.6.		Drittnutzung		Schließtag
Di, 17.6.		Drittnutzung		Schließtag
Mi, 18.6.	14	KP Oper5		Schließtag
	19	Schauspiel4		
Do, 19.6.	**19**	**VA2 Oper5**		Schließtag

Datum	Zeit	Block-Repertoire	Zeit	Spielplan real
Fr, 20.6.	14	KP Oper5	20	Schauspiel4
	19	Schauspiel4		
Sa, 21.6.	**19**	**P Oper5**	19	Oper4
So, 22.6.	14	Schauspiel4	19	Ballett2
	18	Ballett2		
Mo, 23.6.		Drittnutzung		Schließtag
Di, 24.6.		Drittnutzung		Schließtag
Mi, 25.6.		Drittnutzung	20	Schauspiel4
Do, 26.6.	19	Schauspiel4	**20**	**P Oper5**
Fr, 27.6.	19	Oper 5	20	Schauspiel4
Sa, 28.6.	19	Schauspiel3		Drittnutzung
So, 29.6.	14	Schauspiel3	19	Oper5
	18	Oper5		
Mo, 30.6.		Drittnutzung		Schließtag
Di, 1.7.		Drittnutzung	20	Oper4
Mi, 2.7.	19	Schauspiel3	20	Schauspiel4
Do, 3.7.	19	Schauspiel4	20	Oper5
Fr, 4.7.	19	Oper4	20	Schauspiel4
Sa, 5.7.	19	Schauspiel3	19	Schauspiel4
So, 6.7.	14	Ballett2	14	Oper4
	18	Schauspiel4		
Mo, 7.7.		Drittnutzung		Schließtag
Di, 8.7.		Drittnutzung		Schließtag
Mi, 9.7.	19	Oper4		Schließtag
Do, 10.7.	19	Schauspiel4		Schließtag
Fr, 11.7.	19	Oper 5	20	Oper4
Sa, 12.7.	19	Schauspiel3	19	Schauspiel4
So, 13.7.	14	Schauspiel3	14	Oper4
	18	Oper5		
Mo, 14.7.		Drittnutzung		Schließtag
Di, 15.7.		Drittnutzung	20	Oper5

Datum	Zeit	Block-Repertoire	Zeit	Spielplan real
Mi, 16.7.	19	Oper4	20	Ballett2
Do, 17.7.	10	BP Ballettschule	20	Schauspiel4
	19	Schauspiel4		
Fr, 18.7.	10	BP Ballettschule	20	Oper5
	19	Schauspiel3		
Sa, 19.7.	10	GP Ballettschule		Schließtag
	19	Schauspiel3		
So, 20.7.	11	Ballettschulgala	11	Ballettschulgala
	13	Ballettschulgala	13	Ballettschulgala
	19	Schauspiel4	19	Oper4

Theaterferien ab 21. Juli